Mosaik bei
GOLDMANN

Buch

Frauen haben gegenüber Männern in Sachen Bildung und Qualifikation enorm aufgeholt, sie teilweise sogar überholt. Trotzdem: Noch bleiben Männer in den Chefetagen nahezu unter sich. Woran liegt das? Wo bleiben Germany's next Topmanagerinnen? Barbara Schneider macht deutlich, dass fachliche Kompetenz und Know-how bei Weitem nicht ausreichen. Wer nach oben will, muss sich auf den Bürobühnen blicken lassen und sich und seine Stärken bekannt machen. Aber hier tappen viele Frauen immer noch in die Fleißfalle. Sie arbeiten emsig vor sich hin und warten darauf, dass man ihre Leistungen endlich anerkennen möge, statt öfters mal eine Nachtschicht beim Networking einzulegen. »Lieber die Letzte an der Bar als die Erste im Büro«, lautet denn auch das augenzwinkernde Motto von Barbara Schneider. Die Autorin zeigt, wie Frauen die richtigen Signale setzen, die Scheu vor männlichen Machtspielen verlieren und damit Karrierechancen gewinnen können. Ihr Zehn-Schritte-Programm für ein professionelles Selbstmarketing holt jede noch so graue Maus aus ihrem Versteck.

Autorin

Dr. Barbara Schneider ist auf das Karrieremanagement von Frauen spezialisiert und bietet Coachings, Seminare und Vorträge für Businessfrauen an. Die Diplomkauffrau sammelte selbst jahrelang Managementerfahrung in internationalen Konzernen und überzeugt mit Praxisbezogenheit und der eigenen Vorbildfunktion.
Barbara Schneider ist Initiatorin des Business Breakfast Club und des Women's Business Day und startete vor Kurzem ihren Blog Managerinnentalk.

www.2competence.de
www.business-breakfast-club.de
www.managerinnentalk.de

Barbara Schneider

Fleißige Frauen arbeiten, schlaue steigen auf

Wie Frauen in Führung gehen

Mosaik bei
GOLDMANN

Alle Ratschläge in diesem Buch wurden von der Autorin und vom Verlag sorgfältig erwogen und geprüft. Eine Garantie kann dennoch nicht übernommen werden. Eine Haftung der Autorin beziehungsweise des Verlags und seiner Beauftragten für Personen-, Sach- und Vermögensschäden ist daher ausgeschlossen.

Verlagsgruppe Random House FSC-DEU-0100
Das für dieses Buch verwendete FSC®-zertifizierte Papier
Classic 95 liefert Stora Enso, Finnland.

1. Auflage
Vollständige Taschenbuchausgabe April 2011
Wilhelm Goldmann Verlag, München,
in der Verlagsgruppe Random House GmbH
© 2009 Gabal Verlag GmbH. Das Buch ist im Original erschienen
im Gabal Verlag GmbH, Schumannstr. 155, D-63069 Offenbach,
069/830066-0, Telefax 069/830066-66.
All rights reserved.
Umschlaggestaltung: Uno Werbeagentur, München
Umschlagfoto: masterfile/Cultura RM
Redaktion: Susanne von Ahn, Hasloh
Satz: Uhl + Massopust, Aalen
Druck und Bindung: GGP Media GmbH, Pößneck
CB · Herstellung: IH
Printed in Germany
ISBN 978-3-442-17190-3

www.mosaik-goldmann.de

Inhalt

Vorwort **11**

Einleitung **15**

1. Qualifikation ist nur die halbe Miete **25**
Klappern gehört zum Handwerk **27**

1.1 Die Konkurrenz schläft nicht **32**
Abschreckungsmanöver der Männer **34**
Schluss mit der Konkurrenzscheu **38**

**1.2 Zwischen »Dornröschen-Komplex«
und »Bienenkönigin-Syndrom«** **40**
Warten Sie nicht, bis Sie wachgeküsst werden **42**
Bitte nicht lächeln! **46**
Von Frau zu Frau **48**

1.3 Frauen an der Spitze **54**
Ein steiniger Weg **55**
Förderung auf dem Weg nach oben **63**

1.4 Ist es woanders wirklich besser? ... 66
Ein gelungener Mix: Frauen und Finanzen ... 69
Die Quote als Weg? ... 73

2. Woran Frauen scheitern ... 77

2.1 Wie Frauen führen ... 79
Die Suche nach dem weiblichen Führungsstil ... 80
Das Dilemma mit der Führung ... 86
Erfolgreiche Führungsstrategien ... 88
Die Zukunft der Führung ... 90

2.2 Männerwirtschaft ... 92
Männer fördern Männer ... 95
Vielfalt statt Einfalt ... 99
In guter Begleitung ... 104

2.3 Karrierehandicap Kind ... 111
Keine halben Sachen ... 116
Die deutsche Debatte ... 121
Weil ich es will ... 127
Karriere-Notausgang Kind ... 130
Die zweite Karriere ... 134

2.4 Mythos Macht **142**
Den Blick fürs Machtgeschehen schärfen 144
Sie kommen nicht zum Zug? 151
Gefährliche Kommunikationsfallen 157
Fallstrick Firmenkultur 166
Sie haben die Wahl 169

2.5 Zu wenig Marketing in eigener Sache **172**
Die 10-30-60-Formel 174
Das Bild der bescheidenen Frau 176
Positives Selbstmarketing statt
übersteigerter Selbstkritik **180**
Entscheiden statt Bescheiden 184

3. Zehn Schritte für ein professionelles Selbstmarketing **187**
Von nichts kommt nichts 193

**Schritt 1: Selbstmarketing beginnt
bei sich selbst** **196**
Was kann ich? Was will ich? 197
Erkenne dich selbst! 200

Schritt 2: Man kann nicht alles planen **209**
Der Weg ist das Ziel 213
Manchmal steht das Ziel im Weg 216

Think big! 219
Alles hat seinen Preis 220

Schritt 3: Verlassen Sie die Wartebank 223
Raus aus dem Vielleicht-Modus! 225
Gehen oder bleiben? 229

Schritt 4: Sprechen Sie über Ihre Ziele 234
Klartext reden 236

Schritt 5: Zeigen Sie sich 240
Und was machen Sie so? 242
Auf dem Präsentierteller stehen 244
Es ist immer Show-Time 248
Von sich hören und sehen lassen 252
Gegen Langeweile am Rednerpult 260

Schritt 6: Verkaufen Sie Ihre Ideen 265
Überprüfen Sie Ihr Image 272

Schritt 7: Knüpfen Sie Kontakte 274
Sehen und gesehen werden 276
Gewusst wann 283
Gewusst wo 286
Gewusst wie 291
Vom Small Talk zum Big Business 296

Schritt 8: Investieren Sie **300**
Optik und Outfit **302**
Körpersprache und Stimme **306**

Schritt 9: Verlangen Sie viel **308**
Weil Sie es sich wert sind **310**
Bluffen Sie ruhig einmal **313**

Schritt 10: Feiern Sie Erfolge **318**

4. Wird die Wirtschaft weiblich? **323**
Wo bleiben »Germany's Next Topmanagerinnen«? ... **325**
Mangel an männlichem Managerpotenzial **329**
Mut, Muster aufzubrechen **333**

Danksagung **339**

Anmerkungen **340**

Literaturverzeichnis **342**

Stichwortverzeichnis **347**

Vorwort

»Fleißige Frauen arbeiten, schlaue steigen auf.« Der Titel bringt es auf den Punkt: Natürlich sind Fleiß und Leistungsbereitschaft die Voraussetzung für eine Karriere. Aber der Schlüssel sind sie nicht. Die, die aufsteigen, sind nicht nur fleißig, sondern eben auch schlau im Bereich Networking und Selbstmarketing. Viele beruflich engagierte Frauen empfinden – und das gibt Männern einen beeindruckenden Wettbewerbsvorteil – Networking und Selbstmarketing als Zeitverschwendung und Angeberei. Sie folgen dem berühmten Dornröschen-Syndrom. Sie wollen in ihrer fachlichen Qualität erkannt und – um im Bild zu bleiben – wachgeküsst werden.

Hier legt Barbara Schneider den Finger in die Wunde. Aus männlicher Konkurrenzperspektive darf man sagen: erschreckend präzise. Fakt ist: Wenn Business-Frauen ihren Ausführungen folgen, müssen sich Business-Männer wärmer anziehen.

Männer mögen Frauen – aber eben nicht als Konkurrentinnen, zumal Frauen 50 Prozent der Bevölkerung ausmachen und damit potenziell auch 50 Prozent Männerkonkurrenz darstellen. Diese Erkenntnis empfinden besonders mittelmäßige Männer als erschütternd, weil sie genau wissen, dass sie von den besser qualifizierten Frauen fachlich ausgestochen werden können. Früher war es ihnen möglich, trotz ihres Mittelmaßes Karriere zu machen, denn die Zahl der Mitbewerber war geringer, und die waren vom gleichen Geschlecht – das konnte das männliche Ego gerade noch vertragen. Heute treten hochqualifizierte Frauen als Konkurrentinnen hinzu und gewinnen immer häufiger: Die Zahlen von Frauen in Führung steigen zwar langsam, aber unaufhörlich, und man ahnt, dass dieser Schneeball ins Rollen kommt und so manchen erfolgreichen Durchschnittsmann mit sich reißen wird. Daher hier die Warnung an die Leserinnen: Gefahr droht Ihnen im Business nicht von den Top-Kräften. Gefahr droht von den Mittelmäßigen, die bereits erfasst haben, dass Sie in zwei Jahren eine Konkurrenz werden könnten.

Vor diesem Hintergrund stecken Frauen in einem doppelten geschlechtsspezifischen Gefängnis: Sie schlagen sich nicht nur mit einer machtvollen und machtgewohnten

Männerwelt herum, sondern auch noch mit einem inneren Feind, der ihnen permanent einen korrekten, rücksichtsvollen und eben nicht strategischen Umgang mit anderen abverlangt. Diese Good-Girl-Orientierung suggeriert, dass sich Frauen mit emotionaler Intelligenz und Teamgeist qualitätsorientiert an die Spitze einer nicht immer freundlichen Geschäftswelt drängen können. Ein sehr schwieriger Spagat, bei dem man schnell das Gleichgewicht verlieren kann. Viele Frauen scheitern somit nicht an ihrer Leistungsbereitschaft oder ihren Fähigkeiten, sondern an ihrer zu hohen Messlatte des fairen Wettbewerbs!

Es ist Barbara Schneiders Verdienst in diesem Buch, diese hohe Messlatte niedriger zu legen und eben nicht nur Fleiß, sondern auch Cleverness zu empfehlen.

Liebe Frau Schneider: Ihnen und Ihren Leserinnen wünsche ich dabei viel Erfolg!

Prof. Dr. phil. Jens Weidner

Kriminologe/Aggressionsforscher
Hochschule für Angewandte Wissenschaften Hamburg
Fakultät Wirtschaft & Soziales
www.peperoni-strategie.de

Einleitung

Frauen haben in den letzten Jahrzehnten das fachliche Fundament für ihre Karriere gelegt und damit allerbeste Startvoraussetzungen. Die heute top ausgebildete Frauengeneration wäre aber schlecht beraten, wenn sie allein auf den Faktor Qualifikation vertraute. Genauso wenig wie der Verzicht auf Kinder den Anteil von Frauen an der Unternehmensspitze wesentlich beeinflusst hat, hat die Aufholjagd der Frauen im Bereich Ausbildung und Qualifikation bisher den erwünschten Effekt gezeigt. Dass Frauen eine gute Ausbildung haben und arbeiten, ist selbstverständlich, dass sie bis ganz nach oben aufsteigen, noch lange nicht.

Auf Selbstmarketing und gute Kontakte kommt es an
Qualifikation ist wichtig für den Einstieg, der weitere Aufstieg hängt aber von ganz anderen Faktoren ab. Und zwar hauptsächlich davon, wie Sie es verstehen, sich im Unternehmen oder am Markt zu verkaufen und geschickt zu verdrahten. Selbstmarketing und Networking

gehören zu den wichtigsten Strategien im Business, egal, ob Sie angestellt oder selbstständig sind. Auf einen Nenner gebracht: Sie müssen sich ins Zeug legen, sich zeigen und sich vernetzen.

Die Pipeline mit dem potenziellen Nachwuchs für oben ist gut gefüllt, doch die meisten Managerinnen kommen über die zweite Führungsebene nicht hinaus. Noch ist das obere Management zu selten mit weiblichen Führungskräften besetzt, die gläserne Decke zwischen mittlerer und oberer Ebene zu dick. Und immer noch kommen zu wenige Frauen da an, wo man sie aufgrund ihrer Kompetenzen erwarten würde. Kaum jemand hätte Mitte der Neunziger gedacht, dass das 2009 überhaupt noch ein Thema sei. Doch der Aufstieg von Frauen ins Management stellt sich als ein langwieriger und schwieriger Prozess dar, der weitaus schleppender vorankommt als damals gedacht.

Masterplan Karriere – man kann nicht alles planen
Dieses Buch will Sie auf Ihrem Karriereweg begleiten, Ihnen Ideen und Impulse geben, wie Sie in der Männerdomäne Management schneller zum Zug kommen und Ihre eigenen Ziele spielerischer erreichen können, statt zu zweifeln und zu zögern. Möglicherweise haben Sie

von diesen zwei Gaben auch zu viel abbekommen, denn sie wurden besonders häufig an Frauen verteilt. Ja, das Leben ist ungerecht und das Berufsleben erst recht!

Sich mutig einlassen auf große Aufgaben und auf Konkurrenz

Zögern und Zweifeln bringen Sie im Wirkungskreis von Wettbewerb und Hierarchien nicht weiter. Mutig zuschnappen heißt die Devise im Haifischbecken, sonst tut es der Kollege. Männer greifen nach Jobs, die ihnen locker ein, zwei Nummern zu groß sind. Frauen, die nach vorne kommen wollen, brauchen Mut. Mut, sich auf die nächste Station und auf Konkurrenz einzulassen. Der berühmte Sprung ins kalte Wasser gehört zur Karriere – man kann nicht alles haargenau planen, aber vieles gestalten. Schauen Sie ab und an, ob die grobe Richtung Ihres Generalplans stimmt, und bleiben Sie offen für Plan-Änderungen. Karrieren entstehen in der Regel aus einer Kette von Chancen, auf die sich Frauen wie Männer mutig eingelassen haben. Man lernt sehr schnell, wenn man muss.

»Interkulturelles Training« für die Männerdomäne Management

»Muss ich denn werden wie ein Mann?«, werde ich immer wieder in meinen Vorträgen oder in meiner Beratung gefragt. Natürlich nicht! Es geht nicht darum, Männer und ihr Verhalten zu imitieren, geschweige denn, sie mit betont männlichem Verhalten noch zu übertreffen. Sondern darum, sich mit männlichen Eigenheiten auseinanderzusetzen, Verhaltensweisen und Rituale schneller zu durchschauen und souveräner damit umzugehen. Und sich von Männern ruhig etwas abzugucken. Das Berufsleben – und insbesondere das Management – ist nun einmal voll von Männern, und die dort herrschenden Strukturen und Spielregeln wurden jahrzehntelang von ihnen geprägt. Das kann richtig oder falsch sein, einem passen oder nicht, Männer und ihre Sichtweise sind Teil der Unternehmensrealität und Businesswelt.

Tipp: Betrachten Sie die Sache pragmatisch. Wenn Sie Geschäfte mit Japan oder China machen wollen, bereiten Sie sich doch auch auf das ferne Land mit seinen unbekannten Sitten und Bräuchen vor, studieren Reise-Ratgeber und Sprach-Lexika, befragen Experten nach Besonderheiten und Gepflogenheiten im dortigen Geschäftsleben. Um möglichst erfolgreich mit Ihren Geschäftspartnern zu kommunizieren und zu verhandeln, versuchen Sie ihre Sichtweise besser zu erfassen und stellen sich auf kulturelle Unterschiede ein. Genauso können Sie sich auch spielerisch und vergnüglich auf die Männer-Management-Welt mit ihren tief verankerten Regeln und Prinzipien vorbereiten, quasi als besondere Form eines interkulturellen Trainings. Wie Henry Ford einmal sagte: »*Erfolg hat derjenige, der die Position des anderen versteht.*«

Natürlich können Sie auch sagen: »Warum immer ich, sollen sich doch endlich die Männer darum kümmern.« Tja, da werden Sie wahrscheinlich lange warten. Denn Tatsache ist nun einmal, die Männer waren eher da, und sie sind auch Anfang des 21. Jahrhunderts deutlich in der Überzahl – egal, ob in Wirtschaft, Wissenschaft oder Politik. Es müssen mehr Frauen in die Männerwelt Management einbrechen. Denn erst, wenn mehr Frauen einen Fuß in der Tür haben, lassen sich bestehende Strukturen und Spielregeln aufbrechen. Makaber ausgedrückt: Wenn man ein Flugzeug entführen will, muss man erst einmal an Bord kommen.

Die Wirtschaftswelt braucht Frauen

Die Wirtschaftswelt braucht Frauen. Es ist schon lange keine Frage mehr von Chancengleichheit oder Political Correctness, ob im Management Frauen sitzen oder nicht. In Zeiten von globalem Wettbewerb und Führungskräftemangel ist es vielmehr eine schier wirtschaftliche Notwendigkeit, sich die Rosinen aus dem Angebot beider Geschlechter zu sichern. Es geht nicht um Sieg oder Niederlage, sondern um Gewinn für alle Beteiligten. Trotzdem werden Männer sich nicht einfach die Butter vom Brot nehmen lassen. Die Aufstiegsmöglichkeiten wachsen nicht in den Himmel, und mehr Frauen im Management bedeuten zwangsläufig weniger Männer. Frauen, die in den Startlöchern für höhere Ämter stehen, müssen sich auf mehr Konkurrenz einstellen und sportlichen Spaß am Wettbewerb entwickeln.

Ein Patentrezept für die weibliche Karriere gibt es nicht

Hat dieses Buch ein Patentrezept parat? Nein. Aber ein paar Tipps und Tricks für den Karrieredschungel, in dem sich übrigens auch nicht alle Männer wie selbstverständlich zurechtfinden. Betrachten Sie die Denkanstöße der Frauen und Männer, die hier zu Wort kommen, sowie meine eigenen Erfahrungen und Beobachtungen als Managerin und Coacherin, aus denen dieses Buch entstand, als ein spielerisches Training auf dem alltäglichen Managementspielfeld, das zugegeben manchmal eher einem Schlachtfeld gleicht.

An dieser Stelle kurz eine Bemerkung zu den Beispielen im Buch: Diese sind zwar authentisch, die Beschreibung der beteiligten Personen wurde aber aus verständlichen Gründen verändert.

Natürlich kann auch ich ein Lied von leidvollen Erfahrungen singen, von Fehlern, die ich gemacht habe, aber auch von den Dingen, die ich richtig angepackt habe. Von diesen Erfahrungen lasse ich Sie gern profitieren. Denn ich habe auch gesehen und erfahren, dass Karriere Spaß machen kann, vor allem, wenn man die Spielregeln durchschaut, seine eigenen Ziele besser durchsetzen und sich gelassen zurücklehnen kann.

Zehn Schritte für erfolgreiches Selbstmarketing

Daraus sind zehn Schritte für ein professionelles Selbstmarketing entstanden. Allerdings ist dies kein 10-Punkte-Programm, das man eben schnell abhakt, sondern eines, das eine Karriere kontinuierlich begleitet. Eine Erfolgsgarantie liefert dieses Buch nicht, aber eine Vielzahl informativer Tipps und Erfolgsstrategien von erfahrenen Frauen, wie Sie beruflich vorankommen, wenn Sie es möchten. Den Tippgeberinnen möchte ich an dieser Stelle für ihr Mitwirken noch einmal besonders herzlich danken.

Ich wünsche Ihnen, liebe Leserin und vielleicht auch lieber Leser, viel Spaß beim Lesen und viel Mut, Entscheidungen zu treffen, zu managen und zu machen. Schon Goethe wusste: »*Es ist nicht genug zu wissen, man muss es auch wollen. Es ist nicht genug zu wollen, man muss es auch tun.*« Ob wir mit unseren Vorhaben Erfolg haben werden, wissen wir erst hinterher. Der entscheidende Schritt ist, dass wir uns dazu entschließen, etwas zu tun, und dann handeln. In diesem Sinne große Entschlusskraft und viele erreichte Ziele!

Ihre
Barbara Schneider

Ich freue mich über Interesse an meinen Coachings, Vorträgen und Veranstaltungen ebenso wie über Anregungen und Feedback.

Dr. Barbara Schneider
Beratung . Coaching
Heimhuder Straße 70
20148 Hamburg
Tel. 040 / 63 90 63 80
Fax 040 / 63 90 63 81
E-Mail: contact@2competence.de
Web: www.2competence.de

Business Breakfast Club – Macht Frauen munter.
www.business-breakfast-club.de

1. Qualifikation ist nur die halbe Miete

Bildung galt lange als die effektivste Waffe der Frau gegen berufliche Benachteiligung. Dass Frauen gut ausgebildet sind und arbeiten, ist heutzutage selbstverständlich. Dass sie wie Männer aufsteigen, noch lange nicht. Vom Kindergarten bis zur Hochschule haben Mädchen die Nase vorn. Und was passiert dann?

Keine Frage, die Managementwelt hat sich für Frauen geöffnet. Wenn es aber um die Verteilung von Toppositionen geht, bleiben Frauen meistens auf der Strecke und Männer weitgehend unter sich. So wie man den Inhalt eines Buches nicht nach seinem Cover beurteilen kann, so sagt ein moderner Außenauftritt eines Unternehmens noch nichts über Organisation und Kontrolle der Arbeit aus. Das Besetzungsprinzip »der oder die Beste für den Job« scheint bei Weitem noch keine Unternehmensrealität zu sein, denn viel zu selten kommen Frauen dort an, wo man sie erwarten würde. Erscheint ihnen die Selbstständigkeit oder die Familie doch interessanter, versperren Männer ihnen den Weg oder sie sich selbst? »Und wenn schon«, mag der eine oder die andere denken, diese Situation für einen Skandal halten oder für wünschenswert. Wirtschaftlich verständlich ist dieser Sachverhalt jedenfalls nicht.

Das sagen Frauen:
»Frauen machen in den meisten Berufen fünfzig bis sechzig Prozent des Talentpools aus. Man wird es sich in Zukunft einfach nicht mehr leisten können, die Hälfte des Talentpools abzulehnen – die demografische Zeitbombe tickt bereits. Unternehmen, die das verstanden haben, ziehen enorme wirtschaftliche Vorteile daraus. Nicht zuletzt, weil die Hälfte der Kunden und Entscheidungsträger Frauen sind. Um deren Bedürfnisse zu verstehen und zu erreichen, braucht es Frauen.«
MEREDITH MOORE: *Women in Leadership: A European Business Imperative*[*]

---

[*] Quellenhinweise für dieses und alle weiteren Zitate, soweit nicht anders gekennzeichnet, siehe Literaturverzeichnis.

Klappern gehört zum Handwerk

Es ist eine Binsenweisheit, dass zur Karriere mehr gehört als Fachkenntnisse und Fleiß. Treten Sie als Führungskraft neu in ein Unternehmen ein, wird Ihnen in den berühmten ersten hundert Tagen fehlendes Fachwissen leicht verziehen, nicht jedoch schlechter Stil oder Schnitzer im Umgang mit Mitarbeitern, Kollegen oder Vorgesetzten.

Wie Sie auf die Leute zugehen, wird beobachtet und bewertet. Daran führt kein Weg vorbei. Gerade mit den ersten Gesprächen und symbolischen Gesten, die deutlich machen, was Ihnen wichtig ist, legen Sie einen entscheidenden Grundstein für die spätere Zusammenarbeit. Fachliche Überforderung spielt bei Trennungen innerhalb der Probezeit selten eine Rolle, in den meisten Fällen sind bei Führungskräften Kulturkonflikte der Auslöser – Tendenz steigend.

Nach einer Umfrage (2007) des Deutschen Führungskräfteverbands halten nur vier Prozent der Befragten fachliche Qualifikation für das Aufstiegskriterium Nummer eins. Und jeder dritte Manager hält der Umfrage nach gutes Selbstmarketing für den entscheidenden Erfolgsfaktor.

Das sagen Frauen:
»Kompetenz und Leistung setzen sich durch. Darauf haben Frauen vertraut. Nur: Diese Haltung ist offensichtlich nicht die richtige, um Spitzenpositionen zu erreichen.«
DOROTHEA ASSIG: *Frauen in Führungspositionen*

Das heißt natürlich nicht, dass Sie auf Kompetenz, Know-how und Spitzenleistung verzichten können. Oder diese nicht von Zeit zu Zeit aufpolieren müssen. Lebenslanges Lernen steht außer Frage, wenn Sie sich jobfit halten wollen. Dafür bekommen Sie schließlich Ihr Gehalt. Können und Leistung sind auch heute noch unverzichtbare Komponenten für Karriere und Erfolg. Damit allein kommen Sie aber im Berufsleben nicht weiter. Um in Spitzenpositionen vorzudringen, müssen Sie geschickte Selbstdarstellung betreiben, sich hörbar und sichtbar machen. Sonst überhört und übersieht man Sie.

Gute Leistungen allein genügen nicht

Um ganz deutlich zu werden: Ich bin nicht der Ansicht, dass man schummeln, mogeln, tricksen oder sich verbiegen sollte. Gute Leistung lässt sich nicht durch gekonntes Selbstmarketing ersetzen, aber ergänzen. Nur so können die richtigen Leute auf Sie, Ihre Kompetenzen und Leistungen aufmerksam werden.

Frauen arbeiten wunderbar sach- und zielorientiert. Aber eben auch wenig spektakulär. Das stellte schon die erste weibliche Premierministerin Margaret Thatcher fest: *»Wenn Sie in der Politik etwas gesagt haben wollen, wenden Sie sich an einen Mann. Wenn Sie etwas getan haben wollen, wenden Sie sich an eine Frau.«* Die meisten Männer zollen ihren Mitstreitern auch dann Anerkennung, wenn sie inhaltlich nicht viel draufhaben, aber ihrer Rolle gerecht werden.

Die typisch weiblichen Karrieretreiber wie Leistung und Zuverlässigkeit können zur Stolperfalle werden und sind vielleicht einer der Gründe, wieso die meisten Frauen auf operativer Ebene stecken bleiben. Denn: Welcher Chef würde schon sein bestes Pferd im Stall wegbefördern? Den ungeduldigen, fordernden Nachwuchsmanager kann er nicht halten, die brave Musterschülerin, die hofft, für ihre Leistungen irgendwann belohnt und befördert zu werden, schon.

Im Übrigen bin ich überzeugt: Frauen – wenn sie Chefinnen sind – ticken ähnlich. Ich zumindest habe in meiner aktiven Managerinnenzeit die Effizienz, mit der Frauen Aufgaben erledigen, sehr geschätzt. Ebenso wie den Effekt, den Männer mit dem Schlagen von Pfauenrädern für sich und die Abteilungsprojekte erzielen. Offen gestanden, diesen Nutzen habe ich erst viel später erkannt. Zuvor hat mich und etliche Kolleginnen dieses Imponiergehabe regelmäßig auf die Palme gebracht.

Ein gutes Image zieht gute Leute und gute Projekte an
Frauen arbeiten mehr am Projekt, Männer machen es bekannt. Schnell neigen wir dazu, dem Kollegen vorzuwerfen, er schmücke sich mit fremden Federn. Zu schnell. Klar tut Mann das für sein Image und seinen Bekanntheitsgrad. Aber in dieser Botschafterrolle rückt er auch das gesamte Projekt ins Rampenlicht und lässt die anderen Projektmitglieder als Gewinner erscheinen. Eine bessere Motivation gibt es nicht. Wenn Sie ein Topprojekt an Land gezogen haben, müssen Sie es auch konsequent vermarkten und einen Teil Ihrer Zeit damit verbringen, Ergebnisse und Erfolge sichtbar darzustellen. Und nicht den Kollegen bitten: »Stell du das ruhig vor.« Klappern gehört nun einmal zum Karriere-Handwerk. Auch im Konzern. Starke Botschaften statt falsche Bescheidenheit senden, lautet die Devise.

> **Praxistipp: Was Frauen erfolgreich macht**
>
> **MARTINA SANDROCK,**
> Geschäftsführerin Sara Lee Deutschland und Österreich:
>
> »Es sind die Mitarbeiter, die darüber entscheiden, ob ein Unternehmen durchschnittliche oder Spitzenleistungen hervorbringt. Bei der Rekrutierung von neuen Mitarbeitern lege ich auf drei Bedingungen besonderen Wert:
> - Sie müssen außergewöhnlich hungrig auf unternehmerischen Erfolg sein und den Eindruck vermitteln, dies auch in 20 Jahren noch zu sein.
> - Sie müssen über eine zähe Disziplin verfügen – ich selbst lebe diese jeden Tag vor und bin überzeugt, ohne geht es nicht.
> - Sie müssen andere Menschen begeistern können – mit ihrer Ausstrahlung, ihrem Engagement und ihrer Authentizität.«*

Ihr Image ist nicht nur für Sie persönlich karriererelevant, sondern als Führungskraft auch für Ihre Mitarbeiterinnen und Mitarbeiter. Auch ganze Teams und Abteilungen stehen im Unternehmen im Wettbewerb und

---

* Dieser und alle weiteren Praxistipps wurden der Autorin per E-Mail zur Verfügung gestellt.

vergleichen sich untereinander. In vielen Unternehmen gibt es Bereiche, die als regelrechte Karrieretreiber gelten – die die Ideen oder Führungskräfte von morgen hervorbringen. Das persönliche Image ist eng mit dem Abteilungsimage verbunden. Ein gutes Image zieht gute Leute und gute Projekte an. Man traut Ihnen und Ihren Leuten die Leitung des neuen Vertriebs- oder IT-Projektes zu. Der gute Ruf, der Ihnen vorauseilt, bringt Ihnen Ressourcen: Budgets, Sachmittel, Manpower – neue Aufgaben und größere Gestaltungsspielräume. Und damit tolle Karrierechancen für Ihre Mitarbeiterinnen und Mitarbeiter. Ganz abgesehen von Ihren eigenen Perspektiven im Unternehmen.

1.1 Die Konkurrenz schläft nicht

Die weibliche Qualifizierungsoffensive der letzten Jahre hat die Startchancen der Frauen erhöht, aber auch den Wettbewerb zwischen Männern und Frauen. Und sie hat damit eine neue Situation am Arbeitsmarkt geschaffen: Männer konkurrieren nicht mehr nur mit Männern, sondern Männer konkurrieren auch mit Frauen um die gleichen Positionen. Für Männer sind diese selbstbewussten und hoch motivierten Frauen, die Karriere machen wollen, nur eine weitere Gruppe potenzieller Konkurrenten auf Augenhöhe. Frauen sollten nicht auf Wunder warten und darauf, dass Männer ihnen die Tür zum Chefbüro weit aufhalten.

Frauen müssen konkurrenzbereiter werden
Frauen müssen sich dieser neuen Konkurrenzsituation bewusst sein und konkurrenzbereiter werden. Männer lieben nun einmal Konkurrenz, Frauen bevorzugen Kooperation. Beides wird im Business gebraucht. Ein cooles Kunstwort dafür gibt es schon: *Co-opetition* – zusammengesetzt aus Cooperation und Competition. Wenn es so simpel wäre…

Das sagen Frauen:
»Wer sich in Konkurrenz begibt, muss sie auch aushalten können.«
MAYBRIT ILLNER: *Frauen an der Macht*

Dabei geht es nicht um aggressive Ellenbogenmentalität, sondern um sportlichen Wettbewerb. Die Büropolitik ist bestimmt von Gegensätzen: von Hierarchie und Teamwork, von Entscheidungsmacht und Partizipation, von Transparenz und Geheimhaltung und eben auch von Kooperation und Konkurrenz – zwischen den Geschlechtern ebenso wie unter ihnen.

Abschreckungsmanöver der Männer

Männer haben diesen Konkurrenzdruck längst registriert, beäugen mit Argwohn, wenn Frauen den Karrierewunsch einem Kinderwunsch vorziehen. Es gibt Anzeichen für einen neuen Geschlechterkonflikt und Stimmen, dass Frauen den Männern Karrierechancen wegnähmen. Kein Wunder, wenn die früher netten Jungs im Kampf um Markt- und Machtpositionen mit verschärftem Revierverhalten reagieren.

Das sagen Männer:
»**Und natürlich ist dem Mann die drohende Konkurrenz bewusst. Deutschland ist kein Wachstumsland, auch Männer ringen heutzutage um gute Jobs. Von Frauenförderung sind viele also nicht begeistert: Warum sollten sie freiwillig den Platz frei machen?**«
MICHEL DOMSCH, Wirtschaftsprofessor und Koordinator
der Internetplattform www.genderdax.de[1]

In meiner Umfrage unter 164 Managerinnen und Managern mehrerer Großunternehmen bin ich der Angst der Männer vor zusätzlicher weiblicher Konkurrenz nachgegangen. Es war zu erwarten, dass die befragten weiblichen Führungskräfte der Aussage, dass die Präsenz von Frauen auf dem Arbeitsmarkt, und speziell auf dem für Führungspositionen, in zunehmender Konkurrenz zu den Männern steht, stärker zustimmen als die befragten Manager. Aber auch Männer tun diesen Punkt nicht als gar nicht zutreffend ab. Interessanterweise stimmen vor allem Männer im unteren und mittleren Management dieser Annahme voll oder teilweise zu – und zwar gut jeder dritte Mann (35 Prozent) auf der unteren Führungsebene und mehr als jeder zweite (71,4 Prozent) auf der mittleren Führungsebene.

Frauen sind längst ernst zu nehmende Konkurrenz für Männer
Verbreitete Glaubenssätze, dass es – überspitzt formuliert – Konkurrenz zwischen Männern und Frauen eigentlich gar nicht geben kann, weil Frauen keine ernst zu nehmenden Rivalen sind, scheinen offenbar einer anderen Zeit zu entstammen. Aufstiegspositionen sind knappe Güter, und das mit steigender Tendenz, so dass

prinzipiell immer Konkurrenz auch und gerade zwischen Führungskräften besteht.

Jahrelang haben Frauen sich darüber beklagt, dass sie nicht ernst genommen werden. Jetzt nehmen Männer sie ernst. Sehr ernst. Das macht Frauen zu Mitbewerberinnen auf Augenhöhe, ob sie wollen oder nicht. In Zeiten von globalem Wettbewerb und Führungskräftemangel mag es zwar wirtschaftlich vernünftig sein, sich die Talente aus dem Angebot beider Geschlechter zu sichern. Dabei werden Männer aber nicht tatenlos zuschauen. Rechnen Sie mit Abschreckungsmanövern und Machtproben.

An dieser Stelle erlauben Sie mir ganz kurz, wissenschaftlich zu werden, falls dieses Buch in die Hände von Ökonomievertreterinnen und -vertretern fällt. Als Wirtschaftswissenschaftlerin ist mir bekannt, dass die Vorstellung, es gäbe eine fixe Menge an Arbeit, die auf die Bevölkerung verteilt werden müsste, falsch ist. Deutschlands bekannteste Ökonomin, die Schweizerin Beatrice Weder di Mauro, die als erste weibliche Wirtschaftsweise seit 2004 im Sachverständigenrat sitzt, und ihr Kollege Aymo Brunetti weisen in einem F.A.Z.-Artikel Folgendes nach: Die Frauenerwerbsquote ist in den meisten OECD-Ländern in den vergangenen Jahrzehnten stark gestiegen. Wenn es tatsächlich eine fixe Menge Arbeit gäbe, dann hätten die auf den Arbeitsmarkt strömenden Frauen die Männer verdrängen müssen, und die Arbeitslosigkeit hätte stark zugenommen. Nichts dergleichen sei geschehen. Gott sei Dank, diese Last ist uns genommen! Die Zahl der Arbeitsplätze ist mit dem zunehmenden Angebot gestiegen.

Leider dürfte diese ökonomische Theorie wie viele andere, die für große Grundgesamtheiten und ganze Märkte als zutreffend gelten, nicht 1:1 auf kleinere Einzelmärkte – wie zum Beispiel den der Führungs- und Managementpositionen – übertragbar sein. Die Annahme eines Verdrängungswettbewerbs ist nicht von der Hand zu weisen, zumal im Zuge anhaltender Verschlankungstendenzen und flacherer Führungsstrukturen die Zahl der Toppositionen in den vergangenen Jahren deutlich abgenommen hat. Glaubt man der Vision des amerikanischen Business-Gurus Gary Hamel, der in den Neunzigern mit der Idee der Kernkompetenzen groß herausgekommen ist, dürften Unternehmen zukünftig mit weitaus weniger Managern auskommen als heute (Gary Hamel im Interview in manager magazin 5/2008).

Schluss mit der Konkurrenzscheu

Rivalität herrscht nicht nur in Regionen, wo die Luft dünner und die Konkurrenz härter wird. Selbst in der kleinsten Projektgruppe wird sich erst einmal positioniert und profiliert, bevor es zur Sache geht. Karrierewillige Männer neigen dazu, schwächere Mitbewerber – egal ob Männer oder Frauen – in Projekte ohne Prestige zu drängen, indem sie ihnen diese perfiderweise als wichtig oder sinnvoll verkaufen. Offener Wettbewerb ist für sie normal. Wenn Frauen denken, sie könnten sich aus dem Wettbewerbsspiel heraushalten oder hätten es nicht nötig, werden sie scheitern. Zumindest in den immer noch herrschenden klassischen Unternehmensstrukturen.

Das sagen Männer:
»Viele Frauen scheitern nicht an ihren Aufgaben oder an ihrer Leistungsbereitschaft – sie scheitern an ihrer zu hohen Messlatte des fairen Wettbewerbs!«
JENS WEIDNER: *Die Peperoni-Strategie*

In Unternehmen tobt das Leben. Und im Wettbewerb um Posten und Pöstchen geht es nicht immer fair zu. Im Management wird mit harten Bandagen gekämpft, und es kommt zu Rivalität und Machtproben. Die Vorstellung, sich in den Konkurrenzkampf werfen zu müssen, ist vielen Frauen zuwider. Es schadet nicht, wenn Sie sich sinnbildlich Ihre Boxhandschuhe anziehen, bevor Sie den Büroring betreten.

Bürogemeinschaften sind keine Wohngemeinschaften, sondern Marktplätze, auf denen wir potenzielle Kunden auf unser Angebot aufmerksam machen müssen, sonst kaufen sie woanders ein. Marketingexperten kämpfen heutzutage damit, dass sich viele Produkte in Qualität und Ausstattung immer ähnlicher werden. Abhilfe schaffen Werbestrategien oder besondere Serviceleistungen, um das Produkt vom Wettbewerb abzuheben. Ein altes Sprichwort in der Wirtschaft sagt: »*Konkurrenz belebt das Geschäft.*« Und es gibt zahlreiche Beispiele, dass Märkte und Unternehmen durch eine gesunde Konkurrenzsituation besser geworden sind.

> **Praxistipp: Was Frauen erfolgreich macht**
>
> **PETRA BECHER,**
> Head of Marketing & Communication Structured Products, UBS Deutschland AG:
>
> »*Ein fundiertes Know-how verbunden mit persönlicher Integrität sollte bei jeder Führungskraft vorausgesetzt werden können und bildet meiner Ansicht nach die Basis für jede längerfristige Karriere. Meinen weiblichen Mitstreiterinnen möchte ich jedoch darüber hinaus folgende Dinge ans Herz legen: bessere Kommunikation und mehr Mut zum Risiko. Mit besserer Kommunikation ist nicht gemeint, häufiger schwätzend in der Kaffeeküche angetroffen zu werden. Sondern ein sinnvoller, effizienter und bereichsübergreifender Austausch von geschäftsrelevanten Informationen zur Unterstützung eines internen lebhaften Lernprozesses und zum Aufbau eines eigenen Netzwerkes innerhalb des Unternehmens. Darüber hinaus sollten Sie, ohne arrogant zu werden, Schüchternheit, Demut und ein eventuell antrainiertes Vermeiden von Risiken versuchen zu überwinden. Sie haben eine gute Ausbildung, sind engagiert und gut in Ihrem Job. Stehen Sie dazu, und gehen Sie endlich mit Ihren männlichen Kollegen auf Augenhöhe. Diese erwarten dies schon längst.*«

1.2 Zwischen »Dornröschen-Komplex« und »Bienenkönigin-Syndrom«

Über Frauen im Management wird geforscht, analysiert und promoviert: Managerinnen sind Mangelware, Ausnahmen und Aushängeschilder, leiden am »Dornröschen-Komplex« oder am »Mona-Lisa-Syndrom«, sind stutenbissig oder haben das »Bienenkönigin-Syndrom«. Gibt es dafür Beweise? Ja und nein. Einige Studien bestätigen diese Erscheinungen, andere widerlegen sie ganz oder teilweise.

Trotzdem begegnen mir in meiner Coachingpraxis einige Verhaltensweisen öfter bei Frauen und andere häufiger bei Männern. Vielleicht kommen Ihnen einige Muster bekannt vor, oder Sie erkennen sie beim Lesen. Wenn ich also nicht jedes Mal von einigen oder vielen Frauen oder Männern spreche, sondern allgemein von Frauen und Männern, heißt das noch lange nicht, dass es automatisch auf jede und jeden zutrifft. Frauen sind verschieden, Männer auch.

Warten Sie nicht, bis Sie wachgeküsst werden

Insgeheim hoffen viele Frauen, dass sie irgendwann schon entdeckt und befördert würden. Während es für die meisten Männer selbstverständlich ist, sich für eine neue Position selbst ins Gespräch zu bringen.

Wer nicht sagt, was er will, der kriegt auch nichts

Sich still und leise Hoffnungen auf frei werdende Positionen zu machen funktioniert selten. Sie müssen das klar äußern. Sonst nimmt man entweder an, Sie trauten sich diese schwierige Aufgabe nicht zu, oder Sie hätten kein Interesse daran weiterzukommen.

Viele Frauen haben da eine Engelsgeduld. Sie hoffen sehnsüchtig, dass sie gefragt werden, ob sie den Posten oder das Projekt übernehmen wollen. Sie halten mit ihren Wünschen und Zielen hinterm Berg, weil sie von außen die Bestätigung erhalten möchten, dass sie der Aufgabe gewachsen sind. Es funktioniert aber umgekehrt: Um einen Fuß in die Tür zu bekommen, muss man die eigenen Ziele und inneres Zutrauen verbreiten. Dann trauen es einem auch andere zu. Es gehört zum Spiel, keine Zweifel aufkommen zu lassen.

Das sagen Frauen:
»Die Zweifel kannst du in dir haben. Dem Kunden darfst du sie nicht zeigen, sonst fängt er auch an zu zweifeln.«
HEIDI KLUM[2]

»Angst oder Unsicherheit darf man nie zeigen, selbst wenn man sich innerlich ›in die Hose macht‹.«
JOHANNA HEY, Deutschlands jüngste Professorin für Unternehmenssteuerrecht[3]

Ein Verhalten, das auch im Vater-Tochter-Verhältnis vorkommen kann, wie ein Interview in der Financial Times Deutschland (18.10.2007) zeigt: Die 35-jährige Sophia von Rundstedt erzählt, wie sie lange nicht daran dachte, ins Familienunternehmen – die Personalberatung Rundstedt & Partner – einzusteigen. Vielleicht weil Vater Eberhard, der Chefberater und Gründer, sie nie dazu ermunterte? »*Er hat nie gesagt: Komm ins Unternehmen!*«, sagt Sophia, und es klingt noch leicht verletzt. Aber natürlich stellt er sie ein – zunächst als Kundenbetreuerin, dann als Niederlassungsleiterin in Frankfurt. Die Bewährungsprobe hat sie offensichtlich bestanden. Am 1. Januar 2008 wird sie Geschäftsführerin.

> **Praxistipp: Was Frauen erfolgreich macht**
>
> **INES KOLMSEE,**
> Vorstandsvorsitzende SKW Stahl-Metallurgie AG:
>
> *»Frauen haben oft ein zu pessimistisches Bild von ihren Fähigkeiten und melden sich darum oft nicht aktiv für Projekte oder Positionen, für die sie sich nicht ausreichend qualifiziert halten. Stattdessen warten sie ab, in der Annahme, wenn sie nur gut genug wären, wird das schon jemand erkennen und sie (be-)fördern.*
> *In der Zwischenzeit sind reichlich gleich oder weniger qualifizierte Männer an ihnen vorbeigezogen. Mein Tipp: Frauen, zieht euch vermeintlich zu große Schuhe an, meldet aktiv und konkret (!) eure Ansprüche an, traut euch was!«*

Nur wer sich traut, kommt weiter

Frauen müssen das Zepter in die Hand nehmen. Wer sich nicht traut, kommt auch nicht weiter. Verharren Frauen in Wartestellung und bleibt das Angebot aus, lassen sich zwei typische Reaktionen beobachten: Entweder ziehen Frauen sich beleidigt in ihr Schneckenhaus zurück. Passiert das öfter, entsteht ein Teufelskreis, und sie enden in der Resignation. Oder sie ziehen die »Denen werd ich's zeigen«-Nummer durch. Dann wird hektisch die nächste Gelegenheit wahrgenommen, den Job

Praxistipp: Was Frauen erfolgreich macht

KAREN HEUMANN,
Vorstand Strategie Jung von Matt AG, Hamburg:

»*Viel Geld oder mehr Prestige sollten niemals der Motor für berufliche Anstrengungen sein. Viel wichtiger ist es, dass man Freude an der Aufgabe hat. Echtes Interesse ist gerade bei uns Frauen der zuverlässigste innere Motivator, deshalb ist die Berufswahl bei Frauen auch so wichtig.*

Zusätzlich müssen Frauen immer auch sehr fleißig sein, wenn sie hierarchisch nach oben kommen wollen, bei manchen Männern funktioniert das leider oft auch ohne eine vergleichbare Leistungsbereitschaft. Vielleicht schon deshalb, weil der Mann stets an die nächste Ebene denkt, selbst dann, wenn er seine Fähigkeiten bereits klar ausgereizt hat. Frauen hingegen muss man oft zu mehr Verantwortung überreden, selbst dann, wenn sie klar in der Lage sind, diese dann auch zu schultern.

Aber selbst wenn Frauen fleißig, engagiert und top kompetent sind: Sie sollten niemals den Fehler begehen, darauf zu warten, dass man sie entdeckt. Es wird nicht passieren! Deshalb: Schauen Sie genau hin, wie erfolgreiche Männer dafür sorgen, dass sie wahrgenommen werden, wir können da noch viel lernen.«

zu wechseln, ohne über den roten Faden in der Karriere nachzudenken. Und wenn es irgendwann doch zu einer Aussprache oder zu einem Eklat kommt, erleben diese Frauen – zu ihrer eigenen Verblüffung – oftmals einen ahnungslosen Chef, der sich verzweifelt die Haare rauft: »Hätten Sie doch was gesagt!«

Der Prinz, der Dornröschen wachküsst, kommt im Business selten vorbei. Oder wie Simone de Beauvoir einmal gesagt hat:

»Frauen, die nichts fordern, werden beim Wort genommen. Sie bekommen nichts.«

Bitte nicht lächeln!

Lächeln ist gesund. Lächeln macht sympathisch. Lächeln baut Beziehungen auf. Achtung: Unkontrolliertes Dauerlächeln im Business bringt Punktabzug in Sachen selbstbewusstes Auftreten.

Ute Ehrhardt hat mit ihrem Bestseller *Gute Mädchen kommen in den Himmel, böse überall hin* den Begriff des »Mona-Lisa-Syndroms« geprägt, an dem Frauen kollektiv leiden würden. Das unergründliche Lächeln

Mona Lisas stellt für die Autorin »*das stärkste Symbol weiblicher Unterwerfung*« dar.

Das Bild der braven und bescheidenen Frau ist noch vorhanden

In der Tat lächeln Frauen zu viel und zu oft. Auch dann, wenn es um etwas Ernstes wie das Verkünden von Einsparungsmaßnahmen oder Unangenehmes wie das Führen von Gehaltsgesprächen geht. Statt mit strengem Blick ihren Gegner in Schach zu halten, lächeln sie sanft, bringen ihren Kopf in Schräglage oder fahren sich mit den Händen durch die Haare. Auch der Dekolleté-Griff – mit einer Hand unterhalb des Halses in die Blusenöffnung fahren – wird öfters gesehen.

In einem konkurrierenden Business-Umfeld sind solche Unterwerfungsgesten tabu. Ebenso Gefälligkeitsgesten. Fahren Sie Ihren Service-Reflex zurück, und unterdrücken Sie Sätze wie »ich hol' mal eben den Kaffee« oder »kopiere mal eben die Unterlagen«. Männer können auch Kaffeemaschinen und Kopierer bedienen, allerdings ist Kaffeekochen oder Unterlagenkopieren lassen natürlich angenehmer. Probieren Sie es aus! Hüten Sie sich auch vor Sätzen wie »Sie können das doch am besten«. Das schmeichelt zwar, aber prompt hat man sich schon wieder eine Aufgabe aufgehalst, die man nicht erledigen wollte oder sollte. Kann sein, dass es Ihnen persönlich nichts ausmacht, solche Dinge eben schnell zu erledigen, wenn Sie aber meinen, damit ernten Sie Anerkennung: Weit gefehlt! Im Gegenteil, die Krux ist: Sie zementieren damit genau das Bild von der braven, bescheidenen Frau, das der Großteil der Männer – bewusst oder unbewusst – sowieso noch im Kopf hat. Nur: Brav- und Bescheidensein haben im Business nichts zu suchen.

Von Frau zu Frau

Frauen sagen zu wenig, was Sache ist. Egal, ob dem Lebenspartner gegenüber oder im Beruf. Die gelebte Frauensolidarität am Arbeitsplatz – mehr Wunschtraum als Wirklichkeit?

Managerinnen wird oft Mangel an Solidarität vorgeworfen

Oft wird beklagt, dass Frauen, die es nach oben geschafft haben, gar nicht erst versuchten, andere Frauen zu fördern. Vielmehr werfen sie ihren Kolleginnen vor, selbst daran schuld zu sein, dass sie nicht mehr Erfolg haben, und schlimmstenfalls hindern sie sie sogar am Aufstieg.

Die Frauenforschung hat dafür den Begriff *Queen Bee Syndrome* geprägt. Die Bienenkönigin arrangiert sich mit ihrer Rolle als Ausnahme- und Vorzeigefrau, adaptiert männliche Vorurteile gegenüber Frauen in Führungspositionen und leugnet mögliche Diskriminierungsmechanismen. Mit anderen Worten: Sie kultiviert ihren Sonderstatus und ist blind für die Probleme anderer Frauen. Aktuelle Daten über die Verbreitung des Syndroms sind mir nicht bekannt. Wunderer/Dick (1997) kommen in einer Studie aus dem Jahr 1995 zu dem Ergebnis: Das Bienenkönigin-Syndrom besteht, aber nur in gemäßigter Ausprägung.

Dass Frauen, die in Toppositionen aufgestiegen sind, einen gewissen Adaptionsprozess durchlaufen haben, ist anzunehmen. Wie sonst hätten sie sich in den Machtzentren und Männerzirkeln durchsetzen sollen? Der steinige Weg einer Businesskarriere geht nicht spurlos an einem vorüber.

Das Phänomen lässt sich auch bei Männern beobachten. Wie viele Jungmanager tragen große Veränderungsvisionen vor sich her über eine neue Managementwelt, die sich mehr und mehr in Luft auflösen, je höher sie die Karriereleiter erklimmen und je mehr der wirtschaftliche Erfolgsdruck wächst! Ihre Verbesserungsabsichten fallen entweder der tagtäglichen Routine oder dem goldenen Kalb Shareholder-Value zum Opfer. Der Grat zwischen Anpassungsfähigkeit und Angepasstsein ist schmal.

Ich möchte an dieser Stelle nicht den Eindruck erwecken, dass alles beim Alten bleiben sollte, oder gar, dass es in den Unternehmen richtig läuft. Nein, aber ich möchte davor warnen, die Frauen, die nach oben durchdringen, mit Erwartungen zu überfrachten. Wenn Frauen (oder Männer) verkrustete Strukturen und Routinen aufbrechen wollen, müssen sie mit Widerständen rechnen. Wer hat nicht schon einen Veränderungsprozess mitgemacht, der als Rohrkrepierer endete. Change-Prozesse sind im Management an der Tagesordnung, ihr Scheitern aber auch. Wir alle haben emotionale Sperren gegen Veränderungen, fürchten, das Gewohnte und Vertraute zu verlieren. Das gilt auch für die, die den Wandel initiieren. Veränderungen können auch gewaltig schiefgehen.

Von der Stutenbissigkeit

Ein weiterer Begriff aus der Tierwelt – die Stutenbissigkeit – hat den Konkurrenzkampf unter Frauen wieder aufleben lassen, zumindest in den Medien. Fragen Frauen sich wirklich mehr als Männer: »Was hat sie, was ich nicht habe?« Betrachten und begutachten Frauen sich untereinander kritischer, als sie Männer beurteilen? Wird erst einmal das Handtaschenlabel gecheckt und dann die Kompetenz? Kann sein, kann aber auch nicht sein. Meine persönliche Beobachtung in diesem Zusammenhang: Frauenfreundschaften drohen entweder an Beziehungs- oder an Berufserfolgen zu zerbrechen. Und tun es manchmal leider auch.

Das sagen Frauen:
»Niemand will, dass Sie Erfolg haben, am allerwenigsten Sie selbst. Eine Frau zerstört ihren Triumph, weil sie Schuldgefühle wegen ihres Sieges empfindet. andere Frauen, und auch Männer, sähen Sie lieber geschlagen.«
HARRIET RUBIN: *Machiavelli für Frauen*

Eins ist gewiss: Wenn Frauen mehr Erfolg haben wollen, dann sollten sie sich zusammenschließen, statt sich zu übersehen. Schauen Sie sich um. »Die oder ich«, das bringt Sie nicht weiter. Machen Sie gemeinsame Sache! Frauen, die behaupten, sie sähen keine wirklich qualifizierten Frauen hinter sich, gehören doch hoffentlich der Vergangenheit an. Frauen sind für die Zusammenarbeit gemacht, oder wie war das mit der höheren Teamfähigkeit von Frauen? Etwa nur ein Gerücht?

Gott sei Dank gibt es Umfragen wie die des nordrhein-westfälischen Frauenministeriums, die belegen: Wenn Frauen über die Besetzung von Führungspositionen entscheiden, wählen sie eher wieder eine Frau.

Von Frauen geförderte Frauen kommen weiter
Auch die internationale Studie *Leaders in a Global Economy* (Galinsky et al.) bestätigt die weibliche Mentorenschaft für Frauen als eines der wichtigsten Instrumente, um Frauen zu fördern. Zwar sagten 87 Prozent der befragten weiblichen und männlichen Führungskräfte auf die Frage, wer ihnen am meisten bei ihrem Aufstieg geholfen habe, »ein Mann«. Was aufgrund der rein zahlenmäßigen Verhältnisse im Management auch nicht verwundert. 19 Prozent der weiblichen Führungskräfte nannten aber immerhin als wichtigsten Mentor eine Frau. Und interessanterweise erreichten die Frauen, die von einer Frau gefördert worden waren, häufiger eine

höhere Position als diejenigen, die von einem Mann unterstützt worden waren.

Frauen sollten sich eher die Frage stellen: »Was hat er, was sie nicht hat?« Wäre Herr Meier wirklich der bessere Chef als Frau Müller? Und wenn karrierewillige Frauen sich für ihre beruflichen Ziele einsetzen, dann sollte dies ihnen nicht gleich als egoistisch, kalt und kompromisslos angekreidet werden. Gewinnen können Frauen, wenn sie ihre weiblichen Alphatiere genauso nach oben tragen wie Männer es tun, ohne Übermenschliches von ihnen zu erwarten und zu verlangen. Geben Sie den Frauen, die nach oben wollen, eine Chance. Denn: Wenn keine den Boss macht, ändert sich nie etwas.

Das sagen Frauen:
»Bei Frauen will oft keine den Boss machen; vielleicht sind sie sich auch der Gefolgschaft der anderen nicht so sicher.«
HEIDE SIMONIS[4]

1.3 Frauen an der Spitze

Plakative Schlagzeilen künden immer wieder vom Megatrend Frauen, von einer Zeitenwende in den Chefetagen, von Frauen als den besseren Führungskräften. Wie selbstverständlich haben wir heute eine Bundeskanzlerin, und auch die erste amerikanische Präsidentin war in greifbare Nähe gerückt. 2008 sitzen in Deutschland fünf Frauen im Vorstand börsennotierter Unternehmen und 415 Männer. Hier und da gibt es dann aber doch Lichtblicke, die hoffen lassen, dass sich in den Topetagen der großen Konzerne und Aktiengesellschaften bald mehr bewegen wird: Ende 2008 hat die Siemens AG mit Barbara Kux die erste Frau in der 160-jährigen Firmengeschichte in den Vorstand berufen. Einer macht es vor, die anderen folgen. Im Frühjahr 2010 raschelt es gewaltig im Club der DAX-Vorstände: Erst holt der Softwarekonzern SAP Dr. Angelika Dammann als Personalvorstand in die oberste Chefetage, dann geht mit Brigitte Ederer bei Siemens sogar eine zweite Frau an Bord, und zuletzt steigt Regine Stachelhaus als erste Vorstandsfrau beim Energiekonzern E.ON ein. Geht doch. Auf die erste Vorstandsvorsitzende im DAX warten wir noch. Das wird ein historischer Moment, wenn eine Frau zum ersten Mal ein DAX-30-Unternehmen leitet.

Das sagen Männer:
»Ich habe fast alle Vorstandsvorsitzenden der größeren DAX-Unternehmen zu diesem Thema befragt. Danach ist die Bereitschaft der Chefs – im Gegensatz zum mittleren Management, da gibt es sicher eine Reihe von Betonköpfen – groß. Die Vorstände sagen nämlich, dass sie es sich aus betriebswirtschaftlichen Gründen gar nicht mehr leisten können, 50 Prozent der Talente außen vor zu lassen.«
HEINER THORBORG, Personalberater, Autor und Gründer der Initiative *Generation CEO* [5]

Ein steiniger Weg

Ich möchte an dieser Stelle bewusst auf langatmige Statistik verzichten. Aber so viel sei gesagt: Der Anteil von Frauen im Management hat sich laut Hoppenstedt-Studie *Frauen im Management 2007* zwischen 1995 und 2007 fast verdoppelt auf inzwischen rund 15 Prozent. Auch im deutschen Wissenschaftssystem sieht es mit einem aktuellen Frauenanteil von 15 Prozent bei den Professuren ähnlich aus. Diese Anteile mögen je nach Branche und Hierarchieebene um den einen oder anderen Prozentpunkt variieren – eines sind sie aber auf jeden Fall: ausbaufähig.

Die nackten Zahlen zeigen zweierlei: Erstens fällt der Frauenanteil unter den Führungskräften umso geringer aus, je größer das Unternehmen und je höher die Führungsebene. Zweitens verzeichnen die Großunternehmen die dynamischste Entwicklung, wenngleich auf niedrigem Niveau. Offensichtlich zeigen die unterschiedlichen Strategien und vielfältigen Förderprogramme, Mentorings, Netzwerke und Coachings für Frauen in Führungspositionen aber ihre Wirkung. Vielleicht nicht in dem erhofften Maße, möglicherweise waren die Prognosen auch zu optimistisch, sie deswegen aber abzuschaffen und auf die selbstregulierenden Kräfte des Marktes zu vertrauen wäre ein fataler Fehler. Frauen sind spitze, aber noch scheinen Tür und Tor zu den oberen Etagen nicht weit genug geöffnet, damit sie an die Spitze kommen.

Im Mittelstand stagnieren die Aufstiegsaussichten für Frauen

Der Mittelstand macht es deutlich, und ganz ohne Zahlen geht es jetzt doch nicht: Während sich der Anteil der Frauen im mittleren Management zwischen 1995 und 2007 von 16 auf 27 Prozent erhöht hat, schaffte er es im oberen Management gerade von acht auf neun Prozent. Kein Tippfehler, sondern sage und schreibe ein Prozentpunkt mehr in zwölf Jahren. Offensichtlich entdecken immer mehr Männer den Mittelstand als attraktiven Arbeitgeber. Was nicht verwundert, da insbesondere in den Großunternehmen in den letzten Jahren die Führungsstrukturen deutlich flacher geworden und etliche Führungspositionen weggefallen sind.

Laut Institut der Deutschen Wirtschaft haben Großunternehmen in den vergangenen Jahren mehr Mitarbeiter entlassen als eingestellt. Traditionell war der Anteil von Frauen in Führungspositionen in mittelständischen Unternehmen höher als in großen, jetzt stagnieren die Aufstiegschancen für Frauen. Der sich abzeichnende Verdrängungswettbewerb ist ein Alarmzeichen und Grund genug, das Thema nicht von der Agenda zu kippen.

Das sagen Frauen:
»In den 100 größten Unternehmen Deutschlands sitzt nur eine einzige Frau im Vorstand. Das ist nicht nur komisch, sondern absolut veränderungsbedürftig.«
ANGELA MERKEL[6]

Donnerwetter! Angela Merkel will es jedenfalls zur Chefsache machen. In den 100 umsatzgrößten Unternehmen Deutschlands sei nur eine einzige Frau im Vorstand (von 533 Vorstandsposten; gemeint ist Margret Suckale, damals Vorstand Personal und Recht bei der Deutschen Bahn; die Vorzeigefrau übernahm nach der Teilprivatisierung den Vorstandsposten Personal DB Mobility Logistics AG und wechselte 2009 als Leiterin Global Human Resources zu BASF), kritisierte sie beim Bundesdelegiertentag der Frauen-Union. Sie wolle das auch mit den Vorstandsvorsitzenden besprechen, sagte Merkel.

Ob diesen Worten auch Taten folgen, wird sich zeigen. Denn die Erkenntnis ist nicht neu. Das Eingeständnis der Wirtschaft, dass man in der Vergangenheit zu wenig für Frauen getan habe, wurde bereits am 2. Juli 2001 in einer von Bundesregierung und Spitzenverbänden der deutschen Wirtschaft unterzeichneten Vereinbarung festgehalten. Erst Gedöns, dann das Geständnis:

Das sagen Männer:
»Unser Land hat zu spät mit der Frauenförderung begonnen.«
GERHARD SCHRÖDER[7]

Längst haben Politik und Wirtschaft verstanden, dass es wirtschaftlich notwendig ist, Frauen ins Management zu holen. Und nicht nur als demografische Lückenfüller, weil Frauen die Hälfte des Kompetenzpools top qualifizierter Fach- und Führungskräfte bilden, sondern weil weibliche Präsenz und Perspektiven für Unternehmensentscheidungen ökonomisch sinnvoll sind.

Es gibt mittlerweile eine Reihe von Studien, die einen positiven Zusammenhang zwischen dem wirtschaftlichen Erfolg eines Unternehmens und der ausgewogenen Besetzung seiner Führungsgremien erkennen lassen. Überhaupt: An Erkenntnissen fehlt es nicht. Was auf sich warten lässt, ist die Umsetzung.

Das sagen Frauen:
»Eine US-Studie hat fünf große Unternehmen untersucht. Das Ergebnis war eindeutig: Überall dort, wo es einen gerechten Anteil von Frauen in der Führungsebene gibt, herrscht ein besseres Betriebsklima, und es gibt höhere Gewinne. Der Schluss ist ganz klar: **Zu viele Männer sind schlecht fürs Geschäft.**«
DORIS BURES, österreichische Ministerin, zuständig für Frauenangelegenheiten und den öffentlichen Dienst [8]

Dass Unternehmen aus eigenem ökonomischen Interesse diesen Vorteil so wenig nutzen, lässt sich wohl rein rational nicht mehr erklären. Insbesondere wenn man bedenkt, dass sich Personalmarketingabteilungen mit zum Teil sehr aufwendigen und ausgefallenen Rekrutierungsprogrammen um den weiblichen Nachwuchs bemühen. Wieso also Frauen teuer einkaufen und sie dann wieder ziehen lassen beziehungsweise sie nicht weiter fördern? Nicht zuletzt ist es oberste Führungsaufgabe, Talente zu fördern und Topführungskräfte für das Unternehmen hervorzubringen.

Zwischen Wissen und Tun liegt ein himmelweiter Unterschied

Dieses irrationale Verhalten von Wirtschaftsunternehmen lässt sich wohl eher mit der Binsenweisheit erklären, dass zwischen Verstehen und Tun ein himmelweiter Unterschied liegt. Nur weil wir etwas wissen oder begreifen, heißt das noch lange nicht, dass wir danach handeln. Hier muss mehr passieren als geschliffene Zukunftsrhetorik. Es gibt immer die, die Veränderungen fordern oder die, die auf Veränderungen hoffen.

Mich erinnert die Thematik manchmal an die berühmten bunten Berufsbiografien, denen sich jeder Personaler den Medien gegenüber aufgeschlossen zeigt: Die Musterkarriere habe längst ausgedient. Solche Leute mit

Brüchen, die bräuchten wir! In der Realität sieht es dann meistens anders aus.

Eine eigene Erfahrung: Nach elf Jahren Konzernkarriere gönnte ich mir ein sechsmonatiges Sabbatical. Die Auszeit füllte ich mit allerhand Sinnvollem wie kreuz und quer durch Italien reisen, Italienisch auffrischen, eine Coachingausbildung beginnen, Klärung der eigenen Vorstellungen. Nach einem halben Jahr war ich bereit für eine weitere Runde. Ich wollte es noch einmal wissen, wollte nach einer Kaminkarriere die Herausforderung annehmen, von außen auf eine Führungsposition zu kommen. Also schob ich die Bewerbungsmaschinerie an. Und bald darauf wurde ich zu einem Gespräch bei einem Unternehmen eingeladen, das auf meiner persönlichen Favoritenliste der Top-10-Arbeitgeber stand. Das Auswahlverfahren startete mit einem Einstellungstest. Ein positives Testergebnis brachte mich mit einer Psychologin und meinem direkten Vorgesetzten zusammen.

Alles lief bestens, bis ich beim Personalchef landete. Nun konnte er schlecht die harten Fakten des Testverfahrens, das er selbst eingeführt hatte, vom Tisch wischen, sonst wäre wohl aus der Sache auch nichts geworden, aber er vermutete weiß der Himmel was hinter meinem vorübergehenden Ausstieg. Er ließ nicht locker, auch nicht nach einer weiteren Runde, in der ich mich noch von meinem zukünftigen Team auf Herz und Nieren hatte prüfen lassen, und bot mir die Leitung zunächst als Interimsmanagerin an.

Damals habe ich eingewilligt, weil es Rahmenbedingungen gab, die mich reizten. Heute würde ich ablehnen. Erstens, weil sich ein Gefühl von wirklichem Willkommensein durch dieses Misstrauen nicht einstellte, und zweitens hätte es mir zu denken geben müssen, dass mein direkter Vorgesetzter sich nicht gegen den Personalchef hatte durchsetzen können. Es war dann tatsächlich so etwas wie eine Zwischenstation, von der ich mich schnell abwerben ließ.

Veränderungen zu initiieren und durchzusetzen braucht Mut und Entschlossenheit und ist harte Arbeit. Alle gemeinsam – Frauen und Männer, Wirtschaft und Politik – sind aufgerufen, individuelle wie strukturelle und gesellschaftliche Lösungen in Gang zu setzen und Veränderungen voranzutreiben. Wie es in zahlreichen Initiativen auch schon geschieht, von denen einige hier vorgestellt werden sollen.

Förderung auf dem Weg nach oben

Um es vorab zu sagen, ich kann hier keine Vollständigkeit abliefern. Unter anderem allein schon deswegen, weil zwischen Abgabe und Erscheinen eines Buches mindestens sechs Monate vergehen, in denen hoffentlich weitere wunderbare Initiativen ins Rollen gebracht werden, die Frauen auf dem Weg an die Spitze Mut machen und Unternehmen neue Blickwinkel eröffnen. Gute Beispiele sind die folgenden:

- **Generation CEO**
  Eine Initiative des Frankfurter Personalberaters Heiner Thorborg zusammen mit Capital und der Financial Times Deutschland. Das High-Potential-Programm fördert bis zu 20 Frauen jährlich, die es auf die Ebene Vorstand oder Geschäftsführung schaffen wollen. Sieben Unternehmen (Bertelsmann, Haniel, Henkel, Mercedes Benz, Otto Group, Siemens, Trumpf) stellen fürs Erste rund eine Million Euro bereit. www.heinerthorborg.com

- **FidAR**
  Frauen in die Aufsichtsräte – FidAR ist eine Initiative von engagierten Frauen aus Politik und Wirtschaft,

die den Frauenanteil in deutschen Aufsichts- und Beiratsgremien in öffentlichen und privaten Unternehmen sowie Organisationen erhöhen will. www.fidar.de

- **Managerin des Jahres**
  Seit 2002 wird der Mestemacher-Preis *Managerin des Jahres* an Topmanagerinnen verliehen. www.mestemacher.de

- **Darboven IDEE-Förderpreis**
  Seit 1997 fördert der Hamburger Unternehmer Albert Darboven die unternehmerische Initiative von Frauen. www.darboven.com

sowie

- www.genderdax.de
- www.gruenderinnenagentur.de
- www.frauenmachenkarriere.de

Daneben finden sich viele Veröffentlichungen und Portraits über erfolgreiche Frauen, die ein gutes Beispiel abgeben:

- *Einsame Spitze*, Serie des Handelsblatts (2008)
- *Macherinnen 2006*, Welt am Sonntag
- *Töchter der deutschen Wirtschaft*, Financial Times Deutschland (2007)

Und es gibt viele weitere nationale, regionale und unternehmensweite Förder-, Mentoring- und Netzwerk-Programme, die ich hier leider nicht alle auflisten kann.

> **Praxistipp: Was Frauen erfolgreich macht**
>
> **IMKE GOLLER-WILBERG,**
> Geschäftsführerin der Peter Braun Personalberatung GmbH:
>
> »Suchen Sie sich einen Förderer – einen Menschen in einer Machtposition mit Kontakten und Einfluss –, dem Sie positiv aufgefallen sind und der Interesse daran hat, Sie in Ihrer Karriere weiterzubringen. Es darf keine einseitige Beziehung sein. Sie machen diesem Menschen Freude, weil Sie gut sind, und er sich freut, wenn Sie es unter seiner Förderung zu etwas bringen, denn der Erfolg fällt auf ihn zurück. Sympathie und gegenseitiger Respekt sind ganz wichtig, auch wenn man mal unterschiedlicher Meinung ist.«

1.4 Ist es woanders wirklich besser?

Weltweit steht es nicht gut um die Chancengleichheit für Frauen im Management, so das Ergebnis der Accenture-Studie (2006) *The Anatomy of the Glass Ceiling: Barriers to Women's Professional Advancement*, einer Befragung unter 1200 weiblichen und männlichen Managern von Unternehmen in Europa, Nordamerika, Australien und Asien. Rund zwei Drittel aller Chefs bestätigen die Existenz der »gläsernen Decke«, die Frauen auf der Karriereleiter Grenzen setzt.

Die besten Chancen auf einen Vorstandssessel haben Frauen in den USA und in Großbritannien, so eine Studie der amerikanischen Vereinigung *Corporate Women Directors International (CWDI)*. Aber auch in den USA, die bezüglich der Gleichstellungsthematik Vorreiter sind, leiten Frauen längst nicht jedes zweite Unternehmen, wie aufgrund der rasanten Entwicklung in den Achtzigern angenommen wurde. Zehn weibliche CEOs (Chief Executive Officer analog dem deutschen Vorstandschef) gibt es auf der Liste der 500 größten Unternehmen (Fortune 500) in den USA. Immerhin sind das vier mehr als 2004.

»We are far away from parity«, so Marie Wilson, Präsidentin der *Ms. Foundation for Women* und Initiatorin des »Take Our Daughters to Work-Day«. Und dabei ist der öffentliche Druck auf amerikanische Unternehmen, Frauen in Führungspositionen zu berufen, massiv.

Es folgen die Niederlande (14,4 Prozent) und dann Deutschland (10,9 Prozent) vor der Schweiz (9,5 Prozent) und Frankreich (7,6 Prozent). Zweifellos gibt es Länder, die die Einbindung von Müttern in den Arbeitsmarkt besser gelöst haben als Deutschland, eine Garantie für mehr Frauen im Management ist das aber nicht, wie sich am Beispiel Frankreich zeigt. Was natürlich nicht heißen soll, dass wir beispielsweise in der Kinderbetreuung einen quantitativen und auch qualitativen Quantensprung nicht dringend nötig hätten. Hier werden in der Debatte gern zwei Themenkomplexe vermengt: zum einen die Vereinbarkeitsproblematik von Kind und Berufstätigkeit, zum anderen der geringe Anteil von Frauen in Spitzenpositionen.

Apropos französische Führungskräfte: Für den deutschen Soziologieprofessor und Elitenforscher Michael Hartmann ist das französische Rekrutierungssystem

»einmalig auf der Welt«: In Frankreich entstammen die Führungskräfte in Spitzenpositionen von Wirtschaft und Politik mit ganz wenigen Ausnahmen allesamt dem Großbürgertum. Unterschichten schafften es kaum, in diesem eng geknüpften Netzwerk Fuß zu fassen.

Die Barrieren für Frauen auf dem Weg nach oben scheinen vielschichtiger und lassen sich nicht auf das vermeintliche Karrierehandicap Kind reduzieren, wie wir im nächsten Kapitel sehen werden. Ansonsten müssten eigentlich längst mehr Frauen in hochkarätigen Entscheidungspositionen sitzen. Denn viele Frauen – und schon hagelt es Vorwürfe: mittlerweile seien es zu viele – verzichten längst auf Kinder. Übrigens auch immer mehr Männer, aber das ist ein anderes Thema. Eines scheint auf jeden Fall klar: Der Rückgang der Geburtenrate hat sich nicht proportional auf den Anstieg von Frauen in Topjobs ausgewirkt.

Zu den Schlusslichtern beim Anteil von Frauen in Führungspositionen gehören Länder wie Italien oder Japan. Italien hat übrigens mit durchschnittlich 1,29 Kindern eine niedrigere Geburtenrate als Deutschland (1,34). Basta mit Bambini, heißt es dort offensichtlich. Die Entwicklungen in Italien zeigen aber auch, dass der Verzicht auf Kinder nicht zwangsläufig in besseren Chancen für Frauen auf Führungsjobs mündet.

Ein gelungener Mix: Frauen und Finanzen

Blicken wir noch einmal auf die USA, wo man ohne Frage einen Schritt weiter ist.

> *Das sagen Frauen:*
> **»Es wird Zeit, dass die US-amerikanischen Unternehmen reagieren. In keinem anderen Land der Welt stehen so viele Frauen bereit, um Verantwortung zu übernehmen. Das ist das amerikanische Wettbewerbsgeheimnis.«**
> JUDY B. ROSENER: *America's Competitive Secret: Women Managers*

Derzeit lässt sich in den USA eine interessante Entwicklung feststellen, die Kreise zieht: In den letzten Jahren ist die Anzahl weiblicher CFOs (Chief Financial Officer; Finanzvorstand) in großen Unternehmen stark angestiegen. Erklärt wird das mit dem »Post-Sarbanes-Oxley«-Phänomen: Aufgrund etlicher Bilanzskandale – prominente Beispiele sind Enron oder WorldCom –

wurde 2002 ein Gesetz zur verbindlichen Regelung der Unternehmensberichterstattung verabschiedet, das nach den beiden Gesetzesvätern Paul S. Sarbanes und Michael Oxley (kurz: SOX) benannt wurde. Ziel des Gesetzes, das 2004 verbindlich für alle großen US-Aktiengesellschaften eingeführt wurde, ist es, das Vertrauen der Anleger in die Richtigkeit und Verlässlichkeit der veröffentlichten Finanzdaten von Unternehmen wiederherzustellen.

Nun kann man hoffen, dass Frauen nicht nur deshalb geholt werden, um das durch ethische Fehlentwicklungen angeknackste Image der Branche wieder aufzupolieren, sondern auch, um allen Akteuren im Unternehmen genauer auf die Finger zu schauen. Früher hätte man noch einwenden können: Typisch, Frauen trifft man entweder im Personal oder in der Buchhaltung, da sind sie weg vom Fenster. Aber das Image des CFO hat sich gewandelt: Aus dem einstigen Zahlenmenschen und Chefbuchhalter ist heute ein professioneller Risikomanager und unternehmerischer Generalist geworden. Auch wenn SOX – so seine Kritiker – zu weit gehen mag, sind Frauen offensichtlich wie geschaffen für verantwortungsvolle Unternehmensführung.

Eine ähnliche Entwicklung lässt sich auch in Deutschland beobachten, wo in den letzten Jahren vermehrt weibliche Finanzvorstände und Kaufmännische Geschäftsführerinnen benannt wurden. Ob es zu Skandalen à la VW oder Siemens gekommen wäre, wenn im Vorstand eine Frau gesessen hätte, bleibt eine theoretische Frage. Schon allein deswegen, weil eine einzige Frau möglicherweise hinausgemobbt worden wäre, sobald sie zu kritische Fragen gestellt hätte. Der Simonis-Effekt? Die ehemalige Ministerpräsidentin von Schleswig-Holstein, Heide Simonis, sagte in einer Talkshow bei Beckmann (25.02.2008) zu ihrem Abgang bei UNICEF als Folge des Spendenskandals: *»Ich bin da doch rein wie eine Donnerhexe. Wollte alles ganz genau wissen und Belege sehen. Glauben Sie, damit hab ich mich beliebt gemacht?«* Bestimmt nicht.

Ich will aber Frauen nicht per se als Gutmenschen hinstellen und deshalb auch erwähnen, dass mir zumindest ein Fall bekannt ist, wo eine Managerin über zu großzügige Geschenke ihrer Lieferanten gestolpert ist. Lassen Sie die Finger von solchen Angeboten, denn sie kosten über kurz oder lang die Karriere. Irgendwann fliegt es auf, das zumindest zeigen die Abstürze von Hartz, Zumwinkel & Co.

Fehlen spektakuläre Flops von Frauen, weil es auf Chefsesseln weniger von ihnen gibt und nur die besten dorthin kommen? Würden Frauen Dienstreisen zu Shoppingtrips umfunktionieren? Muss es unter den Männern schon allein wegen der Menge mehr Mittelmaß geben? Ich weiß es nicht, und die Antworten werden wir erst bekommen, wenn sich endlich mehr Frauen in der Oberliga tummeln.

Peter Löscher, der neue Chef des größten deutschen Global Players Siemens, will dem Konzern eine neue Führungskultur verpassen. Er räumt aber realistischerweise ein, dass das Jahre dauern wird. Eine neue Führungskultur lässt sich genauso wenig wie Frauenförderung von oben verordnen, und neue Namen allein schaffen es nicht. Sie muss gelebt und vor allem von der Spitze vorgelebt werden. Die Neubesetzung von Schlüsselpositionen im Management ist da ein erster Schritt. Hatte man anfangs noch gedacht: Schade, dass beim Umbau der obersten Führungsriege Frauen keine Berücksichtigung finden, scheint Löscher jetzt Ernst zu machen. Nachdem Anfang 2008 mit der Trumpf-Chefin Nicola Leibinger-Kammüller die erste Frau in den Siemens-Aufsichtsrat einzog, sitzt seit Ende desselben Jahres nun auch die erste Frau im Siemens-Vorstand. Nach

160 Jahren Männerherrschaft eine kleine Sensation in diesem Unternehmen. Und endlich wieder eine Frau unter den Vorstandsmitgliedern der DAX-30-Firmen.

Die Quote als Weg?

Gut zwanzig Jahre ist es her, dass ein Gespenst in Deutschland umging: die Quotenfrau. Wenn man heute von ihr hört, dann eher im Zusammenhang mit TV-Sendern: Anne Will oder früher Sabine Christiansen – die Quotenfrauen der ARD.

> *Das sagen Frauen:*
> »Das Wort von der Quotenfrau habe ich schon lange nicht mehr gehört. Negativ war es für mich nie, denn die Männer waren quasi auch Quotenmänner, eben Vertreter der informell existierenden 100-Prozent-Männer-Quote. Ich glaube, dass die Quote – auch wenn sie so nicht von anderen Parteien übernommen wurde – eine enorme Wirkung in die gesamte Gesellschaft hinein gehabt hat. Frauen haben gesehen, dass alte Strukturen veränderbar sind.«
> RENATE KÜNAST in: Illner, Maybrit: *Frauen an der Macht*

Qualität statt Quote

Wann immer Umfragen zur Einführung von Quotenregelungen gemacht wurden und werden, stehen Frauen – zumindest in Deutschland – dem Hilfsmittel Quote skeptisch und ablehnend gegenüber. Staatlich verordnete Frauenförderung bleibt für die meisten Frauen und Firmen ein Tabu. Qualität statt Quote, heißt es dann. Allerdings sind gerade auch in Deutschland die Aufsichtsratsnetzwerke ein Paradebeispiel für Old Boys' Networks – den eigentlichen Big Boys' Networks. Die meisten mächtigen Männer tauchen hier immer wieder auf.

Ein Beispiel, das Schule machen könnte, ist Norwegen. Dort hat man sich immerhin an die Aufsichtsräte der börsennotierten Unternehmen herangetraut und per Gesetz eine Frauenquote eingeführt: In den Aufsichtsräten der 474 börsennotierten Unternehmen müssen seit Januar 2008 mindestens 40 Prozent Frauen sitzen. Sonst drohten harte Sanktionen. Interessanterweise hatte man vor der Quotenregelung zunächst auf Freiwilligkeit der Unternehmen gesetzt, was offensichtlich nicht funktioniert hat. Der Stand Anfang 2008: Ein paar Unternehmen haben das Gesetz ausgetrickst und die Rechtsform geändert, elf Unternehmen behaupten, trotz intensiver

Suche keine fähige Frau gefunden zu haben (darunter ein Fußballverein), der Großteil der Unternehmen hat die Auflagen erfüllt. Geht doch!

Das norwegische Modell hat erste Nachahmer gefunden. Auch Spanien hat vorgegeben, dass in acht Jahren die Frauenquote von 40 Prozent in den Aufsichtsräten erreicht werden soll. Eine radikale und mutige Maßnahme, denn Quotenregelungen bleiben nach wie vor umstritten und mit einem negativen Beigeschmack behaftet – auch für die meisten Frauen.

Mehr Frauen, aber keine Quote!
Neueste Umfragen wie die vom Bundesministerium für Familie, Senioren, Frauen und Jugend in Auftrag gegebene Studie »Frauen in Führungspositionen – Barrieren und Brücken« belegen die Diskrepanz zwischen Wunsch und Wirklichkeit. Zwar findet die Forderung nach mehr Frauen in Aufsichtsräten große Unterstützung – nicht nur bei Frauen (89 Prozent), sondern auch bei Männern (76 Prozent), gesetzlich geregelt wollen beide das aber nicht sehen. Noch vehementer abgelehnt wird die Quote für den operativen Bereich: 90 Prozent der Manager und 84 Prozent der Managerinnen sind der Meinung, dass deutsche Unternehmen keine Frauenquoten brauchen.

Kein Wunder, dass die Ankündigung der Deutschen Telekom im März 2010, eine Frauenquote für Führungskräfte einzuführen, eine mediale Welle auslöste. Die Reaktionen reichten von überfällig bis überflüssig. Bei näherem Hinschauen ist die Quote zwar mehr eine freiwillige Selbstverpflichtung, aber wer das mit solchem Getöse verkündet, der wird sich spätestens 2015 die Nachfrage gefallen lassen müssen, wie es aussieht mit den Frauenanteilen. Hoffen wir das Beste. Denn wenn die Telekom es in fünf Jahren schafft, 30 Prozent ihrer mittleren und oberen Führungspositionen mit Frauen zu besetzen, dann hat man dort in fünf Jahren das erreicht, was die Frauenförderung seit dreißig Jahren versucht.

2. Woran Frauen scheitern

Darüber, weshalb so wenig oder zu wenig Frauen an der Spitze sind, gibt es zahlreiche ernsthafte Studien und ebenso viele Spekulationen. Ein derart komplexer Sachverhalt lässt sich nicht monokausal erklären, dafür ist das Geflecht an strukturellen, gesellschaftlichen und persönlichen Ursachen zu dicht, sind die individuellen Gegebenheiten zu unterschiedlich. Aber es gibt Erklärungen, die sich in fast allen Umfragen und Diskussionen häufen und die ich in diesem Kapitel aufgreifen möchte.

Amüsantes am Rande: Letztens las ich eine Tabelle von dem renommierten Freizeitforscher Professor Horst Opaschowski aus Hamburg, wie sich unser Leben statistisch zusammensetzt. Demnach verbrauchen Männer beim Anziehen 6,5 Monate ihrer Lebenszeit, Frauen ganze neun Monate. An diesen läppischen 2,5 Monaten kann es wohl nicht liegen. In Konferenzen sitzen wir durchschnittlich drei Jahre unseres Lebens ab, leider gab es in dieser Kategorie keine geschlechtsspezifische Unterscheidung.

Lassen Sie uns also die Hürden, die Frauen auf dem Weg nach oben zu nehmen haben, näher betrachten. Selbstverständlich dürfen Sie diese Hürden auch Herausforderungen nennen, ganz nach persönlicher Vorliebe. Eine Kollegin sagte dazu: »Wenn man denkt, es gibt eine ›gläserne Decke‹, dann gibt es sie auch.« Ich halte das für fraglich. Zwar kenne ich das Rosa-Elefanten-Phänomen: Denken Sie jetzt nicht an einen großen rosa Elefanten! Na, an was haben Sie gedacht? Genau.

Das Wort »Problem« hat ja eine ähnliche Entwicklung genommen und ist heute – vor allem in der Psychotherapie – aus dem Sprachgebrauch verbannt. Der Patient hat heute ein Thema oder ein Anliegen. Basta! Wenn man die »gläserne Decke« aufbrechen will, muss man zwangsläufig darüber reden. Wenn man darin gleich wieder eine Zementierung sieht, dann dürfte man ja über nichts mehr sprechen. Ohne Barrieren und Vorurteile zu benennen, kann man schlecht gegen sie ankämpfen.

Frauen, die Karriere machen wollen, müssen jede Menge Herausforderungen meistern und zahlreiche Hürden überspringen. Diesen Hindernisparcours nicht sehen zu können oder zu wollen hilft in der Sache nicht. Meine Überzeugung ist: Wenn ich weiß, wo die Stolpersteine liegen, kann ich sie leichter umgehen. Denn Fakt ist: Noch immer kommen die meisten mittelmäßigen Männer müheloser voran als die Mehrzahl qualifizierter und talentierter Frauen.

2.1 Wie Frauen führen

Frauen und Führung war das Top-Thema der Neunziger. Das Jahrzehnt, in dem überhaupt der *Megatrend Frauen* ausgerufen wurde – mit dem gleichnamigen Buch des amerikanischen Trendforscher-Duos Patricia Aburdene und John Naisbitt. In den Medien häuften sich Berichte über Karriere- und Power-Frauen, die in die Männerwelt Management eindrangen. Vieles davon lebt zurzeit wieder auf, und mancherorts wird gleich das ganze 21. Jahrhundert als weiblich gesehen. Gehört die Zukunft den Frauen?

Frauen sind eine völlig unterschätzte Wirtschaftsmacht, sie wirken an 80 Prozent aller Kaufentscheidungen mit, so die US-Werbe- und Trendforscherin Faith Popcorn in ihrem Buch *EVAlution. Female forces* heißt die Studie des Zukunftsinstituts vom deutschen Trendforscher Matthias Horx, die eine tief greifende Veränderung der Gesellschaft prophezeit. Als Konsumentinnen haben Frauen bereits die Nase vorn. Wird ihnen zukünftig auch die Managementwelt gehören? Frauen sind für Führungsanforderungen hervorragend gerüstet, sie müssen ihr Führungspotenzial »nur« noch in Führungspositionen umsetzen.

Die Suche nach dem weiblichen Führungsstil

Führen Frauen anders, schlechter oder sogar besser? Haben Frauen gar ein Erfolgsgeheimnis »weiblicher Führungsstil«? Frauen an der Spitze winken meistens ab: Ach was! So anders als ihre männlichen Kollegen wären sie gar nicht. Die Suche nach dem weiblichen Führungsstil, nach geschlechtsspezifischen Unterschieden hat Wirtschaft und Wissenschaft beschäftigt. Gerne wird von einem »typisch weiblichen« Führungsstil gesprochen, der partizipativer und motivierender sei und

Frauen für den Chefsessel prädestiniere. Viel wurde geforscht und noch mehr geschrieben. Die Ergebnisse sind recht uneinheitlich, teilweise sogar widersprüchlich.

Frauen führen grundsätzlich nicht anders als Männer
Untersuchungen aktuelleren Datums zeigen aber deutlich: Die Ähnlichkeiten im Führungsverhalten von Frauen und Männern sind größer als die Unterschiede.

Einige Studien und ihre Ergebnisse:

- **Frauen und Männer unterscheiden sich in ihrem Führungsverhalten nicht wesentlich:** Grundsätzlich führen Männer und Frauen kooperativ und verhalten sich – wenn es sein muss – auch autoritär. Der männlich-autoritäre Chef und die weiblich-einfühlsame Chefin scheinen ins Reich der Mythen zu gehören. (Bischoff, Sonja: *Männer und Frauen in Führungspositionen der Wirtschaft in Deutschland*, 1999)

- **An den Führungsqualitäten von Frauen liegt es nicht:**
78 Prozent der befragten Managerinnen und 77 Prozent der Manager sind sich sicher, dass der geringe Anteil von Frauen in Chefetagen nicht am Führungs-

stil der Frauen liegt. (Schneider, Barbara: *Weibliche Führungskräfte – die Ausnahme im Management*, 2007)

- **Weibliche Eigenschaften sind in den Chefetagen deutscher Unternehmen unerwünscht**, lautete die medienwirksame Headline einer Untersuchung unter 220 ausschließlich männlichen Führungskräften. Topmanager müssen Talente wie Entschlussfähigkeit, Delegationsfähigkeit, Durchsetzungskraft, Selbstvertrauen mitbringen – eben »typisch männliche« Eigenschaften. Das Bemerkenswerte kommt hier zum Schluss: Als die befragten Manager »ihre« Führungsfrauen im Unternehmen charakterisieren sollten, beschrieben sie sie mit: entschlussstark, delegationsfähig, durchsetzungsstark. (German Consulting Group, 2005)

Sonst wären diese Frauen wohl auch nicht dort, wo sie sind.

Weiche Führungsfaktoren sind harte Aufgaben

Siehe da, wenn Frauen führen, dann führen sie eben doch nicht »typisch weiblich«. Was Wunder! Ich warne davor, zu viel von den hohen Werten erfolgreicher Führung – Teamfähigkeit, Einfühlungsvermögen, Motivationsstärke – in den weiblichen Führungsstil hineinzuprojizieren. Genauso wenig wie es – in Anlehnung an Taylor – den *one best way*, den einzig richtigen Weg der Führung gibt, gibt es offensichtlich auch nicht *den* weiblichen oder *den* männlichen Führungsstil. Es scheint daher mehr als zeitgemäß, das Klischee vom »weiblichen Führungsstil« zu den Akten zu legen. Menschen in Spitzenpositionen brauchen vor allem eins: ein komplexes Verhaltensrepertoire. Egal ob Mann oder Frau – jede Führungskraft braucht Entschlossenheit und Durchsetzungskraft in der Sache und Teamorientierung und Kooperation in den Führungsbeziehungen. Vor allem die weichen Faktoren der Führung sind harte Aufgaben.

Das sagen Männer:
»**Auf eigentümliche Weise ist die Vorstellung in die Welt gekommen, Manager – und insbesondere Topmanager – müssten eine Kreuzung aus einem antiken Feldherrn, einem Nobelpreisträger für Physik und einem Fernseh-Showmaster sein.**«
FREDMUND MALIK: *Führen, Leisten, Leben*

Fachliche Schlüsselqualifikationen sind für den Einstieg in eine Businesskarriere unerlässlich, mit steigender Führungsebene spielen sie aber eine immer geringere Rolle. Umgekehrt nehmen die Anforderungen in den Bereichen Planung, Problemerkennung und Problemlösung, Chancenbewertung, Kommunikation und Kooperation zu. Wer Führungsverantwortung übernehmen will, muss hier zulegen können. Je höher Sie in der Hierarchie stehen, umso mehr müssen Sie in der Lage sein, effektiv nach oben, nach unten, quer durchs Unternehmen, nach innen und nach außen zu kommunizieren und sich verbinden zu können. Oder wie die Amerikaner sagen: *»Management is a Contact Sport.«*

Das sagen Frauen:
»Wer kein Kontaktmensch ist und stattdessen die Überzeugung pflegt, es gehe im Business allein um die Sache, der greift zu kurz und wird in seiner Führungsrolle wahrscheinlich nicht sehr zufrieden und erfolgreich sein.«
MAREN LEHKY: *Die 10 größten Führungsfehler und wie Sie sie vermeide*n

Der Traum von durchmischten Topmanagement-Teams
Wenn Unternehmen wirklich ein Umschwenken im Management in Angriff nehmen wollen, dann ist es nicht entscheidend, ob sich der Managementstil von Männern

und Frauen unterscheidet, sondern dass sie sich gegenseitig ergänzen und fördern: Synergieeffekte lautet also auch hier das Erfolgsgeheimnis. Schade nur, dass die viel gepriesenen Synergieeffekte nicht bei allen Unternehmensehen so eingetroffen sind wie erwartet. Letztlich liegt auch dem Diversity-Ansatz der Gedanke der Synergie zugrunde. Mit einfacher Mathematik ausgedrückt: Eins und eins sind mehr als zwei.

Wenn Vielfalt aber nicht nur gesellschaftlich, sondern auch geschäftlich geboten ist, wieso gibt es dann immer noch so wenig durchmischte Topmanagement-Teams? Und wenn es sie gibt, dann ist man offensichtlich eher bereit, eine multikulturelle Männerriege aufzustellen, als Frauen mitmischen zu lassen.

Während ich dieses Buch schreibe, findet in Deutschland eine heftige Debatte über die üppigen Jahresgagen vieler Vorstände statt. Begründet werden die Bezüge von den Befürwortern gern mit dem so genannten »CEO-Markt«. Soll bedeuten: Deutsche Unternehmen müssen mit den Managergehältern, die auf dem globalen Markt für Vorstände gezahlt werden, mithalten können, damit es künftig auf deutschen Chefetagen nicht heißt: »Ich bin dann mal weg!«

Das Gehalt muss selbstverständlich stimmen. Deshalb sollten Frauen sich auch nicht mit weniger abspeisen lassen (siehe dazu Kapitel 3.9). Aber die Führungs- und Motivationsforschung hat die Führungskräfte auch gelehrt, dass Geld alleine nicht glücklich macht und nur kurzfristig motiviert. Viel wichtiger sind Gestaltungs- und Wirkungsmöglichkeiten, Aufgaben, Arbeitsinhalte und Arbeitsklima. Das motiviert Menschen. Möglicherweise nur den Durchschnittsmitarbeiter und nicht den Topmanager?

Das Dilemma mit der Führung

Der Managementalltag ist gekennzeichnet von Mehrdeutigkeit, Widersprüchen, Unsicherheiten – von Situationen, die unvereinbar scheinen. Es gibt praktisch keine strategische Entscheidung ohne Risiko. Tagtäglich muss der Tanz zwischen Erfolgszahlen und Kostendruck, Gegensätzen und Spannungen bewältigt werden.

Mehrdeutige Botschaften gehören zum Geschäft: Wir müssen den Kunden besser bedienen, aber es darf nichts kosten. Neues ausprobieren, aber bitteschön das Risiko überschaubar halten. Personal abbauen, aber neue Leute einstellen. Mitarbeiter in die Entscheidungsfindung einbeziehen, aber bestimmte Vorhaben auch gegen ihren Willen durchsetzen. Komplexe und widersprüchliche Herausforderungen prägen den Führungsalltag, und Führungskräfte befinden sich ständig in einer Dilemma-Situation.

Ambiguitätstoleranz: Widersprüche aushalten

Mehr denn je ist Unternehmensführung mit einem hohen Maß an Ungewissheit verbunden. Man muss Entscheidungen treffen, wenn man eigentlich keine treffen kann. Weil kaum Informationen zur Verfügung stehen und man im Prinzip nur das »Rauschen« interpretieren kann. Das Akzeptieren und Aushalten solcher Situationen, aber auch der Unterschiedlichkeit von Menschen wird in der Psychologie mit dem sperrigen Begriff der *Ambiguitätstoleranz* bezeichnet. Eine hohe Ambiguitätstoleranz wäre somit auch Voraussetzung für das Prinzip »Managing Diversity«, um die menschliche Vielfalt nicht als Bedrohung, sondern als Bereicherung zu empfinden. Weniger bombastisch ausgedrückt: Nicht jeder muss auf dieselbe Art und Weise selig werden.

Auf der Handelsblatt-Konferenz *Women Leading Change* im Februar 2007 in Frankfurt wies die INSEAD-Professorin Herminia Ibarra auf die Bedeutung von *ambiguity* für Führungskräfte hin: Für 65 Prozent der befragten 600 weiblichen und männlichen Manager liegen die größten Hürden beim Positions- und Rollenwechsel in der Office- und Mikropolitik sowie im Umgang mit Unsicherheit und Widersprüchen. Für Frauen noch etwas mehr, aber grundsätzlich war der geschlechtsspezifische Unterschied in diesem Punkt zu vernachlässigen.

Ob das Konzept der Ambiguitätstoleranz tatsächlich zutrifft, ob man eine seltene DNA dafür braucht und ob man sie bei Führungskräften fördern kann, steht auf einem anderen Blatt. Dass in einer schnelllebigen und hochkomplexen Welt Führungskräfte emotionale und psychologische Bewältigungsstrategien brauchen, steht außer Frage. Nur kann man das berühmte dicke Fell noch nicht von der Stange kaufen.

Erfolgreiche Führungsstrategien

Weibliche Führungskräfte stimmen in ihrer Vorstellung über Führungseigenschaften und -fähigkeiten weitestgehend mit ihren männlichen Kollegen überein. Zu den Schlüsselqualifikationen zählen Entschluss- und Durchsetzungskraft, strategisch-visionäres Denken und analytische Fähigkeiten ebenso wie ein konstruktiver Umgang mit Menschen, mit sich selbst und mit Veränderungen und Krisen (Schneider, 2007).

Ein weiterer Beleg für die Ähnlichkeit eingesetzter Strategien zeigt sich in einer weltweiten Studie, in der Arbeitserfahrung, Hindernisse, Erwartungen und Erfolgsstrategien bei weiblichen und männlichen Führungskräften analysiert wurden. Ein Ergebnis der Studie: Männer und Frauen beschreiben persönliche Strategien, die ihnen geholfen haben, überwiegend gleich.

Die drei am häufigsten genannten persönlichen Strategien sind (Quelle: *Leaders in a Global Economy*, New York 2003):
- Anpassungsfähig sein und fähig sein, Wandel zu managen (50 %)
- Risiken und Herausforderungen annehmen (38 %)
- Fähig sein, andere zu motivieren (38 %)

Befragt wurden Top-Führungskräfte – Männer wie Frauen – internationaler Unternehmen in fast allen Regionen der Welt: in Nordamerika, Lateinamerika, Europa, im Nahen Osten, in Afrika und im Asien-Pazifik-Raum zwischen 2000 und 2003.

Die Zukunft der Führung

Man sollte annehmen, Frauen seien aufgrund der bestehenden Gehalts- und Beförderungsnachteile unzufriedener als Männer mit ihren Vorgesetzten. Dies scheint nicht der Fall zu sein.

Die Qualität der Vorgesetztenebene lässt zu wünschen übrig

Die Hamburger Professorin Sonja Bischoff hat in ihrer vierten und letzten Studie *Wer führt in (die) Zukunft?* weibliche und männliche Führungskräfte des mittleren Managements befragt und herausgefunden, dass sich Männer und Frauen in einem einig sind: Die Unzufriedenheit über die Qualität der vorgesetzten Führungsebene steht an erster Stelle. Das sollte zu denken geben.

> *Das sagen Männer:*
> »Ich bin fest davon überzeugt, dass den netten Chefs die Zukunft gehört. Dagegen wird das Modell des

menschlich miesen Karrieristen vom Aussterben bedroht sein.«

STEFAN EINHORN: *Die Kunst, ein freundlicher Mensch zu sein*

Wenn es um zukünftige Führungsherausforderungen geht, ist immer auch das demografische Dilemma gemeint: Alterung der Gesellschaft und Führungskräftemangel. Mit dem Altern der Gesellschaft wird sich auch die Altersstruktur in den Unternehmen verschieben, so die These, und es wird wieder deutlich mehr ältere Arbeitnehmer geben. Viel mehr jüngere Führungskräfte müssen dann mit älteren und alten Mitarbeitern zurechtkommen als heutzutage. Eine der zukünftigen Herausforderungen für Manager besteht – so die Studie *The Manager of the 21st Century* der Boston Consulting Group – unter anderem in der erfolgreichen Führung von drei Generationen von Mitarbeitern.

Hurra! Frauen könnten jetzt eigentlich in die Luft hüpfen und vor Freude in die Hände klatschen. Sie sind fürs Multi-Generation-Leadership prädestiniert, denn seit Jahrhunderten kennen und bewältigen sie den Umgang mit mehreren Generationen – mit ihren Kindern, mit Freunden und Bekannten, mit Eltern und Schwiegereltern. Klingt fast zu schön, um wahr zu sein. An man-

> **Praxistipp: Was Frauen erfolgreich macht**
>
> **BIRGIT MASSALSKY,**
> Leiterin Managementwicklung,
> DOUGLAS HOLDING AG:
>
> »Die Kunst in der Führung von Mitarbeitern ist es, ein gutes Team aufzubauen und kontinuierlich zu entwickeln, um gemeinsam die Jahresziele zu erreichen und der Vision ein Stück näher zu kommen. Dabei proaktiv den eigenen Bereich innerhalb der Organisation zu steuern, sich gut nach innen und außen als authentische Persönlichkeit zu vernetzen und selbstbewusst zu positionieren.«

gelnden oder falschen Führungseigenschaften kann es also nicht liegen, dass Frauen immer noch Nachholbedarf an Spitzenpositionen haben.

2.2 Männerwirtschaft

Klüngeln und mauern Männer, um Frauen auf dem Weg nach oben auszubremsen? Aktuelle Studien unter Frauen und Männern in Führungspositionen belegen deutlich die Gatekeeper-Funktion von Männern: In den von Männern errichteten Managementstrukturen mit ihren männlichen Ritualen und Seilschaften wird eines der Haupthemmnisse für eine stärkere Präsenz von Frauen in den obersten Chefetagen gesehen. Eine Torhüter-Mentalität der Männer, die nichts durchlässt, was nicht so tickt wie sie. Hier ein paar Stimmen zum Thema:

- Trotz großer Fortschritte haben weibliche Manager weltweit noch immer schlechtere berufliche Aufstiegschancen als ihre männlichen Kollegen. Rund zwei Drittel aller Chefs bestätigen die Existenz einer so genannten »gläsernen Decke«, die Frauen auf der Karriereleiter Grenzen setzt. (Accenture-Studie *The Anatomy of the Glass Ceiling*, 2006)

- Als das Karrierehemmnis Nummer eins führten 70 Prozent der weiblichen Führungskräfte im eigenen Unternehmen die Dominanz der männlichen Netzwerke an. (Forsa-Studie der Initiative *Generation CEO*, 2007)

- 86 Prozent der weiblichen Führungskräfte kritisieren die Bevorzugung von Männern beim Karrieresprung in die Spitze. (Ebenfalls Forsa, 2007)

- Eine große Mehrheit der weiblichen Führungskräfte sieht noch immer die Bevorzugung männlicher Mitbewerber als eine der Hauptursachen für die geringe Zahl von Frauen im Topmanagement an. (Studie des Steinbeis-Transferzentrums *Unternehmen & Führungskräfte*, 2006)

- Wenn es um die Hauptkarrierebremsen für Frauen auf dem Weg an die Spitze geht, sind sich weibliche und männliche Führungskräfte prinzipiell einig: Fast jeder dritte Manager und mehr als die Hälfte der von mir befragten Managerinnen sehen in der männerdominierten Unternehmenskultur eine der Hauptursachen für die frauenfreie Zone in den obersten Chefetagen. (Schneider, Barbara: *Weibliche Führungskräfte – die Ausnahme im Management*, 2007)

Das sagen Männer:
»Normale Männer registrieren bei Frauen zuerst einmal die Frau an sich und interessieren sich für die Frau (mit mehr oder weniger Imponier-Beiwerk). Frau nimmt das wahr, freut sich darüber und belässt es dabei: Das Ziel einer guten Beziehung ist erreicht. – Fataler Trugschluss, wenn die gute Beziehung dabei auch der Karriere dienen soll. Denn Männer erinnern

sich nach dem Seminar nur noch an ihre männlichen Geschlechtsgenossen, wenn es um Empfehlungen oder berufliche Problemlösungen geht.«
CLAUS VON KUTZSCHENBACH: *Frauen – Männer – Management*

Männer fördern Männer

Die Auswahl von Führungskräften ist fraglos eine komplexe und schwierige Selektionsaufgabe, aber das weibliche Managementpotenzial ist alles andere als gering und kann mit einer Beschäftigung von drei bis 15 Prozent kaum ausgeschöpft sein.

Die Annahme, dass Personalentscheidungen rein rational mit dem größtmöglichen Nutzen für das Unternehmen getroffen werden, ist unrealistisch. Genauso unrealistisch wie die Mutmaßung, es gäbe den nur rational gesteuerten Menschen oder Manager. Männer wie Frauen entscheiden nicht stets wohl informiert und wohl überlegt, das wissen die Werbeabteilungen der Markenartikler längst und machen es sich tagtäglich zunutze.

Der »richtige« Kandidat ist ähnlich wie wir!
Mit der Transparenz bei Besetzungsprozessen ist es nicht weit her. Nach dem »Kronprinzen-Prinzip« fördern Männer auch heutzutage immer noch vorwiegend Angehörige des eigenen Geschlechts. Hoch lebe die Palastkultur!

Das sagen Männer:
»Es gibt in Deutschland in der Tat eine eindeutig machtorientierte Managementkultur. Status und Distanz sind Stilmittel, um Macht zu zeigen und auszuüben … Denn eine Kultur, die sich zu stark an Verhaltenskonformität orientiert, ist per se nicht geeignet, Talente zur Entfaltung zu bringen und Komplexität zu beherrschen.«
UTZ CLAASSEN, Ex-EnBW-Vorstandschef[9]

Der interne Markt ist insbesondere in Großunternehmen von entscheidender Bedeutung. Man kennt sich nicht nur aus offiziellen Zirkeln, sondern von gemeinsamen Barbesuchen, Golfturnieren oder Segeltörns, weiß, wie der andere tickt, und nimmt sich gegenseitig mit nach oben. Viele Karrieren werden auf diesen Hinterbühnen vorbereitet, auf denen mehrheitlich Männer agieren.

Oben wird bestimmt, wer aufrückt. In der Praxis sieht es dann so aus: Wechselt der Vorstandsvorsitzende oder ein anderer ranghoher Manager, ist Stühlerücken angesagt, werden zum Teil ganze Führungsmannschaften ausgetauscht. Der Neue schlägt neue Pflöcke ein, schart ein vertrautes Team um sich. Ein unternehmensübliches Vorgehen, das die Soziologen mit dem Ähnlichkeitsprinzip beschreiben: Man wählt jemanden aus (in aller Regel unbewusst; 95 Prozent unserer Verhaltensweisen laufen unbewusst ab), der dazupassend und vertraut erscheint. Das Motiv hinter dieser »gefühlten« Ähnlichkeit: das hohe Unsicherheitsrisiko, das im Managementalltag herrscht, zu reduzieren oder der Glaube oder Irrglaube, man könnte es dadurch reduzieren. Auch Zeit- und Konformitätsdruck spielen eine Rolle. Die Folge: Strukturen, die sich immer wieder selbst reproduzieren. Dass dadurch manch hoffnungsvolles Talent – weiblich wie männlich – übersehen wird, wundert nicht.

Die Linie zwischen effektivem Beziehungsnetz und korrupten Seilschaften ist schmal. Das zeigen Beispiele wie Enron, VW, Siemens leider immer wieder. Der Weg des geringsten Widerstands ist in Unternehmen so beliebt wie der Jakobsweg bei Sich-selbst-Entdeckern. Nur wenige haben den Mut und das Interesse, an den Strukturen zu rütteln.

Das sagen Männer:
»Wenn die Führungskräfte behaupten, dass sie Kriecher nicht fördern, warum beherrschen diese dann das Arbeitsumfeld? Erinnern wir uns daran: Die Führungskräfte sind im Allgemeinen sehr gute Menschenkenner. Ihr Leben lang sind sie damit beschäftigt, Leute einzuschätzen, sich erste Eindrücke zu merken und sie anhand späterer Eindrücke immer wieder neu zu bewerten. Und doch fallen sie auf jede supergeschickte Schleimerei herein. Und betreiben weiterhin Cliquen- und Günstlingswirtschaft.«
MARSHALL GOLDSMITH: *Was Sie hierher gebracht hat, wird Sie nicht weiterbringen*

Eine derartige Besetzungspraxis bedeutet natürlich noch lange nicht, dass diese Form der »Männerförderung« gut ist, auch für das Unternehmen. Viel zu viele Personalentscheidungen finden auf dem Golfplatz oder beim Kaminabend statt. Es liegt auf der Hand, dass derart einseitige Bevorzugungen nicht zwangsläufig den Interessen des Unternehmens dienen und oftmals die Falschen bevorzugt werden. Noch immer kommen viel zu viele kompetente Frauen in den Unternehmen unter die Räder. Ein Betätigungsfeld, auf dem Personaler sich starkmachen sollten.

Frauen an der Spitze können Spitzenpositionen vergeben

Die Möglichkeit eines beruflichen Fortkommens durch Selbstrekrutierung ist für Frauen schon deswegen erheblich geringer, da sie rein quantitativ in vielen karriereförderlichen Kreisen eine geringere Rolle spielen als Männer.

Das sagen Frauen:
»Die Männer sagen sich: Die Türen für die Frauen sind offen, wenn sie nicht durchgehen – wir können sie nicht durchziehen.«
GERTRUD HÖHLER, Autorin und Beraterin von Wirtschaft und Politik [10]

Vielfalt statt Einfalt

Unternehmen müssen zeigen, dass die Türen für Frauen offen stehen und ganz oben Frauen gewollt sind. Man kann Frauen aber nicht nach oben tragen, Frauen müssen zeigen, dass sie an die Spitze wollen. Mit dem Willen fängt alles an, aber es hört damit noch lange nicht auf.

Genderkompetenz: Frauen integrieren

Alles Reden über den weiblichen Talentpool nützt nichts, wenn die oberste Riege nicht selbst mit gutem Beispiel vorangeht. Ein Vorstandsvorsitzender, der eine Frau in seinen »Herrenclub« holt, hat auch die Verpflichtung, hinter ihr zu stehen und sie bei der Integration zu unterstützen. Das setzt ein entsprechendes Bewusstsein für die besondere Situation dieser Frau voraus. Mit väterlichem Schulter-Tätscheln und aufmunterndem »Sie schaffen das schon« ist es nicht getan. Das braucht Genderkompetenz und Unternehmenslenker, die nicht bei der kleinsten Schwierigkeit hinter ihrem Rücken über die Kollegin herfallen. Scheitert sie oder gibt sie auf, sehen sich am Ende alle bestätigt: Das konnte ja nicht funktionieren. Die Folge: »Sicherheitshalber« besetzt man den freien Posten wieder mit einem Mann. Scheitern Männer, kräht kein Hahn danach.

Die Bedeutung von Vielfalt in der Vorstandsriege oder in der Geschäftsführung zu predigen ist eine Sache. Eine andere, sie auch durchzusetzen. Statt langatmig zu erklären, wieso es nicht funktionieren wird, sollte man lieber darüber nachdenken, wie es funktionieren kann.

Diversity braucht Promotoren
Das Konzept der Vielfalt – neudeutsch: *Diversity-Management* – hat seine Wurzeln in den USA und, kurz gefasst, die Zielsetzung, das traditionelle Beuteschema im Management »weiß und männlich« aufzubrechen und menschliche Verschiedenartigkeit für den Unternehmenserfolg zu nutzen. Anfangs wurde in Deutschland in der Förderung von Vielfalt hauptsächlich eine Strategie zur Förderung von Frauen gesehen. Inzwischen ist das Diversity-Management vor allem bei weltweit agierenden Unternehmen ein Instrument der Personalpolitik, und Vielfalt steht dabei nicht nur für beide Geschlechter und Menschen unterschiedlicher Kulturen, sondern auch für verschiedene Lebensweisen, individuelle Eigenheiten, Stärken und Talente. Aus der Monokultur soll eine Mischkultur werden. Auch im Management? Wirft man einen Blick auf die oberste Führungsriege der Deutschen Bank, könnte man meinen, hier sei das Konzept bereits umgesetzt: Nur noch ein Deutscher sitzt im Vorstand. Aber keine Frau.

Manch hiesige Gleichstellungsbeauftragte mag neidisch auf die Fülle von Diversity-Trainings in den amerikanischen Unternehmen blicken und ein ähnliches Angebot an Seminaren und Schulungen für die Umsetzung des Konzepts hierzulande reklamieren. Dabei sollte man aber nicht außer Acht lassen, dass in den USA bei Verstößen gegen das Diversity-Prinzip saftige Geldstrafen drohen, die dann geringer ausfallen, wenn das Unternehmen regelmäßige Trainings nachweisen kann.

Diversity ist wie Frauenförderung vor allem Einstellungssache und funktioniert nicht von heute auf morgen. Die Studie *Diversity-Management und Frauenförderung* der Egon Zehnder International unter 31 in Deutschland ansässigen Unternehmen – darunter 14 DAX-Unternehmen – macht deutlich, dass zwar 60 Prozent der befragten Firmen über Diversity-Management-Programme verfügen, im Alltag deutscher Konzerne Diversity aber noch nicht angekommen ist. Diversity denken ist eine Sache, eine Diversity-Kultur schaffen eine andere. Und die Existenz von Diversity-Programmen bedeutet noch lange nicht, dass man auch Gebrauch von der Vielfalt macht – vom richtigen Gebrauch ganz abgesehen. Diversity braucht Fachpromotoren und vor allem Machtpromotoren, die Vielfalt wollen, durchsetzen und nutzen.

Bequem ist das Bekenntnis zu Frauen in den Topetagen nicht

Wenn Unternehmen nicht nur von hoch qualifizierten Frauen schwärmen, sondern wirklich mehr Frauen in Spitzenpositionen wollen, dann brauchen sie auch Führungskräfte, die nicht nur modern und frauenfördernd daherreden, sondern die bereit sind, umzudenken und umzusetzen. Bequem ist das Bekenntnis zu Frauen in Toppositionen ohnehin nicht. Keine Frau will eine Extrawurst gebraten haben. Die Dinge aber dermaßen kurzsichtig zu betrachten und schnell zur Tagesordnung überzugehen führt auch nicht weiter.

Wie es wäre, als Mann allein unter Frauen im Topmanagement zu sein, malen sich die wenigsten aus. Mit höflichem Türaufhalten ist es jedenfalls nicht getan. Die persönliche Mentorenschaft sollte man als Befürworter einer Kandidatin schon ernst meinen und nehmen. Zu beschäftigt zu sein gilt nicht. Als oberste Führungskraft muss man diesen Prozess führen und kann ihn nicht wegdelegieren. Ein Vorbild wirkt ansteckend: positiv wie negativ. Dessen sollten sich Führungskräfte stärker bewusst sein. Weitere Maßnahmen – wie beispielsweise ein Onboard-Coaching in der Anfangsphase – können den Start begleiten und sollten der Frau nicht als Schwäche ausgelegt werden.

> **Praxistipp: Was Frauen erfolgreich macht**
>
> **STEPHANIE BEWERNITZ,**
> Personalleiterin:
>
> *»Achten Sie bereits bei der Auswahl Ihres Arbeitgebers darauf, dass Positionen nach dem Leistungsprinzip und nicht politisch besetzt werden. Ebenso muss erkennbar sein, dass zielgerichtete Weiterbildung zur Vorbereitung auf zukünftige Karriereschritte als Standard selbstverständlich und kein Incentive ist.«*

In guter Begleitung

Viele erfolgreiche Führungskräfte hatten oder haben einen Mentor und einen Coach. Zwischen diesen beiden Karrierebegleitern – die natürlich auch Frauen sein können – gibt es einen Hauptunterschied: Ein Coach wird bezahlt, ein Mentor nicht.

Der Mentor ist eine Figur aus der griechischen Mythologie. Bevor Odysseus in den Trojanischen Krieg zog, beauftragte er die Göttin Athene, während seiner Abwesenheit auf seinen Sohn Telemachos zu achten. Athene schlüpfte dafür von Zeit zu Zeit in die Gestalt des Mentors, der den Schützling unter seine Fittiche nimmt und in die Gesellschaft – modern ausgedrückt: in die Netzwerke – einführt. Die männlichen wie weiblichen Eigenschaften der Figur des Mentors deuten auf die Vielschichtigkeit der Beziehung hin.

Als Personalentwicklungsinstrument kann ein Mentor aus dem Unternehmen oder von extern (Cross-Mentoring) kommen, während ein Coach meistens als »neutrale« Person von außen kommt. Mentoring- und Cross-Mentoring-Programme als Instrumente der Frauenförderung erleben seit einigen Jahren in Deutschland einen Boom. Vor allem bei der strategischen Nachwuchsförderung ist dieser Karriereservice beliebt, wird mittlerweile aber auch für Existenzgründer(innen) und Selbstständige angeboten. Ebenso Coaching, auch wenn einige beklagen, dass die Branche immer unübersichtlicher wird.

Inoffiziell hat es Mentoring zwischen zwei Menschen, die sich auf unterschiedlicher Hierarchie- und Erfahrungsebene befinden, im Wirtschaftsleben immer gegeben: Eine erfahrene Führungskraft (Mentor) nimmt sich eines Potenzialträgers oder einer Potenzialträgerin an, lässt sie an seinen Erfahrungen und Beziehungen teilhaben. Zeigt Möglichkeiten auf, wie man informelle oder strukturelle Hindernisse überwindet. Ist Ratgeber und Förderer. Und manchmal hat man auch das Glück, dass einem ein Mentor die passende Tür weist. Heutzutage wird Mentoring in Programmen zur Förderung weiblichen Spitzennachwuchses firmenintern oder über die Unternehmensgrenzen hinweg organisiert. Und wenn Sie nicht zu den wenigen Auserwählten gehören, die mit einem Mentoring-Programm aktiviert werden sollen, können Sie Mentoring auch für sich organisieren und eine Tandembeziehung zu einer erfahrenen Führungskraft oder einem/r Unternehmer(in) aufbauen.

Mentoren profitieren vom Prestige, gute Leute hervorzubringen

Achtung: Ein Mentor, bei dem Sie sich laufend Rat holen, den Sie aber nie beherzigen, wird das schnell als Zeitvergeudung abtun und das Interesse verlieren. Mentoren wollen erfolgreiche Mentees, denn nur so fällt auch ein positives Licht auf sie zurück, und sie profitieren vom Prestige, gute Leute für das Unternehmen hervorzubringen.

Die gezielte Förderung von Frauen in Spitzenpositionen durch Coaching haben sich vor allem größere Unternehmen und internationale Konzerne auf die Fahnen

> ### Praxistipp: Was Frauen erfolgreich macht
>
> **BARBARA SEMLITSCH,**
> Head of Customer Insights & Market Research,
> METRO Cash & Carry International GmbH:
>
> »*Bleiben Sie authentisch, auch wenn Sie es damit nicht jedem recht machen können. Bauen Sie eine Tandembeziehung zu einem Entscheider, einer Entscheiderin auf, und verschwenden Sie keine Energie durch Vergleiche mit anderen.*«

geschrieben. Was nicht heißen soll, dass Männer nicht durch Coaching gefördert würden oder selbiges in Anspruch nähmen. Im Gegenteil, Umfragen zeigen immer wieder: Mehr Männer als Frauen in Führungspositionen nutzen Coaching als Instrument ihrer persönlichen Weiterentwicklung. Von den 164 Managern und Managerinnen, die ich 2005 befragt habe, hatten sich mehr als die Hälfte der Männer – und zwar 54,3 Prozent – schon einmal coachen lassen. Bei den Managerinnen traf dies nur auf jede dritte zu.

Da ich selbst in meiner Karriere eine Zeit lang einen Coach hatte, was ich damals in einer schwierigen Fusionssituation – zudem von außen auf einen Führungsposten kommend – sehr hilfreich fand, und heute auch als Coacherin arbeite, gestatten Sie mir ein paar Zeilen, um Ihnen diesen schillernden Begriff etwas näherzubringen.

Ein professioneller Coach entdeckt mit Ihnen neue Sichtweisen, Ideen, Lösungen, regt Sie zum Nachdenken an. Deshalb ist Coaching vor allem ein Frage-und-Antwort-Spiel. Ein guter Coach stellt gute Fragen. Fragen, die den Blickwinkel verändern, die inspirieren, aber auch irritieren. Er ist Sparringspartner, Klärungshelfer, Ideenlieferant, Feedbackgeber und Antreiber, durchdenkt mit Ihnen aktuelle Managementprobleme und Lösungsstrategien, Führungsfragen oder Geschäftsideen, gibt Impulse und hört zu. Er oder sie wird Sie anspornen und dabei unterstützen, Ihre Ziele zu erreichen. Aber er erreicht sie nicht für Sie.

Ein Coach wird auch fürs Anstrengendsein bezahlt

Mit einem Coach fängt die eigentliche Arbeit erst an. Coaches werden auch fürs Anstrengendsein bezahlt. Dabei kommt es vor, dass es manchen Menschen an dieser Stelle zu eng wird und sie die Zusammenarbeit beenden. Damit leben Coaches und zum Teil auch davon.

Nämlich dann, wenn ein zweiter oder dritter Anlauf mit einem anderen Coach unternommen wird.

Die Frage, wie man den richtigen Coach findet, lässt sich nicht pauschal beantworten und hängt stark vom Coaching-Anlass ab, also davon, auf welchem Gebiet Sie Unterstützung wollen. Legen Sie die Anforderungskriterien fest, die Ihr Coach erfüllen soll, und dann hören Sie sich um. Bei Bekannten, in Netzwerken, unter Kollegen, in der Personalabteilung. Natürlich gibt es Themen, die man nicht an die große Glocke hängen sollte, zum Beispiel, wenn Sie sich auf Ihre nächste Präsentation optimal vorbereiten wollen. Gerade Präsentationen entscheiden oft über den nächsten Karriereschritt, und da kann es sinnvoll sein, einen entsprechenden Feinschliff aus eigener Tasche zu zahlen und sich vom Finanzamt zurückzuholen.

Denken Sie ja nicht, die Jungs seien alles Naturtalente. Auch wenn viele uns weismachen wollen, sie hätten den Vortrag eben über Nacht zusammengestellt. Glauben Sie mir, viele Männer lassen sich vor Präsentationen coachen, denn sie wissen genau, was von ihrem Auftritt abhängt. Frauen scheuen diese Karriereinvestition meiner Erfahrung nach nicht in erster Linie aus Geldgründen, bei ihnen herrscht oftmals das Denken vor, sie müssten alles allein schaffen.

Weil Coaching als effektives Instrument der Personalentwicklung anerkannt ist, wird aber auch immer mehr Coaching vom Arbeitgeber finanziert. Erste Anlaufstelle im Unternehmen ist in der Regel der Personalbereich, der oftmals einen Pool an Coaches mit unterschiedlichen Profilen vorhält.

Fragen Sie sich selbst, was Ihr Coach können soll, welche Erfahrungen sie oder er mitbringen sollte. Für mich war es beispielsweise sehr relevant, dass mein Coach eigene Management- und Change-Erfahrungen hatte, so spricht man eine gemeinsame Sprache und muss nicht bei Adam und Eva anfangen. Rufen Sie die in Frage kommenden Coaches an, und verabreden Sie ein erstes Kennenlerngespräch, das kostenfrei sein sollte. Wo das nicht der Fall ist, lassen Sie die Finger davon. Ebenso wie von Pauschalarrangements über mehrere Sitzungen oder Vorkasse. Jede Stunde sollte potenziell die letzte sein können. Natürlich spielen auch Rahmenbedingungen wie Stundensätze oder Standort eine Rolle. Aber Achtung: Nicht am falschen Ende sparen! Zudem lassen sich persönliche Begegnungen sehr gut mit festen Telefonterminen abwechseln.

2.3 Karrierehandicap Kind

Kommen wir von Männern zu Kindern, was manchmal ja nicht so weit auseinanderliegt. Die Vereinbarkeit von Kind und Karriere ist nach wie vor ein Schlüsselproblem, und die objektiv bestehenden gesellschaftlichen Bedingungen, die es Frauen erschweren, Kinder und Karriere unter einen Hut zu bringen, sind ein grundsätzliches Hemmnis. Was natürlich nicht heißen soll, dass Männer kein Vereinbarkeitsproblem hätten.

Für Frauen scheint die Karrierefalle Kind deutlich zuzuschnappen. Kein Wunder also, dass bereits 42 Prozent der Akademikerinnen zwischen 35 und 40 Jahren keine Kinder haben. Im Mikrozensus, der amtlichen Statistik des Statistischen Bundesamtes, heißt es 2005: »*Beruflich besonders gut positioniert sind 30- bis 44-jährige Frauen, wenn sie keine Kinder betreuen.*«

Verzicht auf Kinder bedeutet nicht zwangsläufig Aufstieg
Aber der Verzicht auf Kinder löst das Problem alleine nicht, sonst müssten längst mehr Frauen in Führungspositionen sein. Denn in dem Maß, wie Frauen auf Kinder verzichtet haben, ist ihr Anteil im Management nicht

gestiegen. Auch wenn weibliche Spitzenkräfte häufiger kinderlos sind als Frauen ohne Führungsstatus und auch als ihre Managerkollegen.

Die V-Frage muss umfassender gestellt werden, denn es geht nicht »nur« um die Vereinbarkeit von Kind und Karriere, sondern auch um die Vereinbarkeit von Beruf und Privatleben.

Privatleben findet auch ohne Kinder statt
Natürlich ist die Doppelrolle »Managerin und Mutter« eine besondere, aber Privatleben findet auch ohne Kinder statt. Was nicht heißen soll, dass wir an der Schraube Kinderbetreuung nicht drehen müssten. Allein schon deswegen, weil das Betreuungsthema nicht vorrangig Führungskräfte betrifft, sondern alle Mitarbeitergruppen. Solange die Unternehmen keine Veranlassung sehen, grundlegende Veränderungen in den Managementstrukturen und der damit verknüpften zeitlichen Verfügbarkeit vorzunehmen, wird sich beruflicher Erfolg und Familienplanung für Frauen schwer vereinbaren lassen. Denn kontraproduktive Managementrituale wie zum Beispiel, Meetings abends um acht einzuberufen oder »auf Abruf« anzusetzen und die Leute zwei Stunden warten und dann doch noch absagen zu lassen,

fördern nicht gerade die Kompatibilität von Berufs- und Privatleben.

Das sagen Männer:
»Männer nehmen bei Terminen selten Rücksicht auf Frauen. Wir haben dafür zu sorgen, dass eine Mutter nicht immer von acht bis 20 Uhr zur Verfügung stehen muss.«
GUNTER THIELEN, Vorstandsvorsitzender der Bertelsmann Stiftung und Ex-Bertelsmann-Chef [11]

Sein Wort in Gottes Ohr!

Einige Studienergebnisse zur Vereinbarkeitsfrage:

- Die beste Strategie zur Erhöhung des Anteils von Frauen in Führungspositionen wird mit 74 Prozent in der Bereitstellung von Kindertagesstätten gesehen. Immerhin 60 Prozent der befragten Managerinnen halten die stärkere Einbeziehung der Männer in Familie und Erziehung für eine wirksame Strategie. (Accenture Studie *Frauen und Macht*, 2002)

- Für 84 Prozent der befragten Mütter in Führungspositionen ist die Unterstützung durch den Partner ein wichtiger Erfolgsfaktor. (Studie *Karrierek(n)ick Kinder*, Bertelsmann-Stiftung/Europäische Akademie für Frauen, 2006)

- Als Karrierehemmnis Nummer zwei nannten fast zwei Drittel (63 Prozent) der weiblichen Führungskräfte die Sorge der Vorgesetzten vor familienbedingten Ausfallzeiten. (Forsa-Studie, 2007)

- Fast 90 Prozent der befragten Frauen in einer Führungsposition waren der Meinung, dass eine Elternzeit von über einem Jahr der Karriere schade. (Studie des Steinbeis-Transferzentrums *Unternehmen & Führungskräfte*, 2006)

- 59 Prozent der befragten Frauen im mittleren Management haben Kinder, wobei der höchste Anteil von Frauen mit Kindern bei den Unternehmerinnen zu finden ist (80 Prozent). Kinder sind nicht das größte Problem. Nur sechs Prozent der Frauen, die über Karrierehindernisse in ihrer beruflichen Einstiegsphase klagten, führen als Grund die Vereinbarkeitsthematik an. Auch in der Aufstiegsphase sind es nur acht Prozent. (Bischoff, Sonja: *Wer führt in (die) Zukunft?*, 2005)

- 97 Prozent der befragten weiblichen Führungskräfte möchten nach der Geburt eines Kindes so bald wie möglich wieder an ihren Arbeitsplatz zurückkehren. Allerdings möchten sie nicht mehr unbedingt in einen Fulltimejob mit 50-Stunden-Woche zurück. (Accenture, 2007)

Es leuchtet wohl jedem ein, dass ein zeit- und energieintensives Engagement, wie es eine Topmanagementposition im Allgemeinen erfordert, mit Kind nicht leichter wird. Die erfolgreiche männliche Managerbiografie macht es vor: Männer können sich ganz auf die Karriere konzentrieren, während die Frauen ihnen das Familien- und Haushaltsmanagement abnehmen. Automatisch ausschließen tun sich beide Komponenten aber deshalb nicht.

Das sagen Frauen:

»Es heißt immer, hinter jedem erfolgreichen Mann stehe eine starke Frau. Manchmal frage ich mich: Wo ist denn die Frau hinter mir?«

NICOLA LEIBINGER-KAMMÜLLER, Chefin des Maschinenbauers Trumpf und vierfache Mutter, über ihre Doppelrolle [12]

Keine halben Sachen

Die Idee, als Halbtagskraft etwas im Management zu werden, scheint wenig realistisch. Der Wunsch nach kürzeren Arbeitszeiten ist verständlich, die Realität in deutschen Unternehmen sieht anders aus: Fulltime-Führungsjobs mit mehr als 50 Wochenstunden prägen das Berufsbild im Management – ganz oder gar nicht, lautet offenbar die Devise. Dass es so ist, heißt natürlich noch lange nicht, dass es gut ist, wie es ist, oder dass es so bleiben muss. Denn Fakt ist auch, dass immer mehr Manager und Managerinnen an Burn-out oder anderen seelischen Krankheiten leiden. Gehörten Akademiker und Führungskräfte früher zu den gesündesten Berufsgruppen, zeigt sich nach Angaben des Bundesverbandes der Betriebskrankenkassen in den letzten Jahren bei den hoch qualifizierten Arbeitnehmern eine starke Zunahme von Psychostress. Statt früher Bandscheibenvorfall heute Burn-out? Der Weg bis zur Rente mit 67 ist lang und kann nicht ohne Erholungspausen zurückgelegt werden.

Teilzeit als Karrierekiller
Risikoberuf Manager hin, Work-Life-Balance her, die meisten Umfragen zeigen Skepsis, wenn es um Führen

in Teilzeit geht. Das Stimmungsbild einiger Studien zur Teilzeitführung:

- Für etwas mehr als die Hälfte der befragten weiblichen (51,1 Prozent) und für eine deutliche Mehrheit der männlichen (77,1 Prozent) Führungskräfte gilt Führung nach wie vor als unteilbar. Aufschlussreich ist die Betrachtung der Ergebnisse nach Hierarchieebenen: In der Einstiegsphase glauben 61,5 Prozent der Frauen, dass sich Führungsverantwortung und Teilzeit nicht ausschließen. Dem stimmen aber nur 16,7 Prozent der Jungmanager zu. Die Skepsis ist im mittleren Management am größten: Hier meinen nur noch 31 Prozent der Frauen, dass Teilzeitführung funktionieren kann. (Schneider, Barbara: *Weibliche Führungskräfte – die Ausnahme im Management*, 2007)

- 21 Prozent der befragten Führungsfrauen, die Elternzeit oder Erziehungsurlaub in Anspruch genommen hatten, konnten danach nicht wieder in ihrer alten Position arbeiten. Die meisten Befragten sahen auch eine vorübergehende Teilzeittätigkeit als Karrierekiller an. (Studie des Steinbeis-Transferzentrums *Unternehmen & Führungskräfte*, 2006)

- »Führungsverantwortung in Teilzeit – möglich oder nicht?« Diese Frage polarisiert und spaltet die befragten Führungskräfte in Pro- (50,5 Prozent) und Contra- (49,5 Prozent) Fraktionen. (*Wenn Frauen führen...* Studie der Akademie für Führungskräfte der Wirtschaft & EWMD, 2004)

Auch das 2001 eingeführte *Teilzeit- und Befristungsgesetz*, das Arbeitnehmern einen Anspruch auf Arbeitszeitverkürzung einräumt, kann daran wenig ändern. Nicht nur, weil es Arbeitgebern relativ leicht gemacht wird, einen entsprechenden Wunsch abzulehnen, sondern vor allem deshalb, weil sich das Standing dieser Frauen schlagartig ändert.

»Wenn man hier Teilzeit arbeitet, ist man abgeschrieben«, so die Erfahrung vieler Ex-Karrierefrauen. »Jahrelang habe ich gezeigt, was ich kann. Plötzlich interessiert das keinen mehr. Alle sehen in mir nur noch die Teilzeit-Mutti, die alles hinwirft, sobald das zweite Kind unterwegs ist.«

Eine Klientin von mir, Leiterin der Unternehmenskommunikation, traf nach der Geburt ihres ersten Kindes auf einen verständnisvollen Arbeitgeber.

Gut durchdacht und vorbereitet präsentierte sie ihrem Chef, wie sie mögliche Probleme, die mit einer flexiblen Arbeitszeit auftreten können, lösen wird. Das zog. Sie überzeugte ihn mit ihrem klaren Plan, es zumindest auszuprobieren. Selbstverständlich besprach sie sich auch mit ihren Mitarbeitern und ihrem Stellvertreter. Nach sechs Monaten war das Experiment am Ende. Sicherlich kommen hier mehrere Ursachen zusammen, aber der Hauptpunkt waren nicht unerledigte Arbeit oder liegengebliebene Projekte, sondern ihr Image, besser ihr Imageverlust, der dazu beitrug, dass sie und die Abteilung nicht mehr wie früher im unternehmensweiten Informationsfluss eingebunden waren. Bei den Mitarbeitern wuchsen die Bedenken und Befürchtungen, dass die eigene Karriere darunter leiden könnte. Gleich mehrere gute PR-Leute auf einmal zu verlieren war ihrem Vorgesetzten zu riskant.

Meine Klientin hat sich dann eine dreimonatige Karrierepause genommen, um Klarheit zu gewinnen. Sie wusste, dass sie die ersehnte Flexibilität nur erreichen konnte, wenn sie etwas Eigenes machen würde – trotz aller Risiken. Ein weiterer gut vorbereiteter Plan überzeugte dann den Arbeitgeber, ihr erster Kunde auf dem Weg zur eigenen PR-Agentur zu sein.

Keine der Karrierehürden für Frauen in Führungspositionen ist gleichzeitig so generell und so individuell wie die Vereinbarkeitsproblematik. Das Thema polarisiert: Entweder man lässt es gleich bleiben oder überlässt die Kinder anderen. Im ersten Fall gilt Frau als kinderlose Karrieristin, im zweiten als Rabenmutter, die genauso kalt und egoistisch handelt. Dass Kinderkriegen oder nicht auch etwas mit den Männern zu tun hat, ist wenig populär. Vor allem für hoch qualifizierte Frauen ist die Luft dünn auf dem Heiratsmarkt. Der Pilot ehelicht lieber die Flugbegleiterin, der Chefarzt die Krankenschwester und der Topmanager seine Büroleiterin (zurzeit sind auch Moderatorinnen sehr beliebt).

Ich kenne eine Managerin und Mutter, der beim jährlichen Zielvereinbarungsgespräch auf den Kopf zugesagt wurde, dass sie die ideale Burn-out-Kandidatin sei und man sich ernsthaft Gedanken mache. Die unterschwellige Botschaft: »Nun kommen Sie mal runter von dem Karrieretrip, das schadet doch auch Mann und Kindern.« Und weshalb? Weil sie weiterkommen möchte und das auch klar signalisiert, immer wieder interessante Zusatzprojekte übernimmt, und das mit zwei Kindern. Eigentlich eine Vorzeigefrau. Aber offensichtlich verstößt sie zu stark gegen Konventionen.

Die deutsche Debatte

Wenn Frauen nicht nur arbeiten, sondern auch Karriere machen wollen – zudem mit Kind oder gar Kindern –, scheint oftmals die soziale Toleranzgrenze erreicht. Schnell schüren Schwiegermütter oder Nur-Hausfrau-Nachbarinnen das Rabenmutter-Syndrom, und auch Chefs erkundigen sich schon einmal, ob die lieben Kleinen auch nicht vernachlässigt werden. Hier besteht eine einseitige Tendenz, steigende Scheidungsquoten und sinkende Geburtenraten dem Karrierestreben von Frauen anzulasten.

Das sagen Frauen:
»Diese Frauen-kriegen-nicht-genug-Kinder-Stimmung zielt darauf, die Frauen einzuschüchtern und als Konkurrentin zu schwächen. So eine Teilzeitarbeiterin macht einem nicht den Chefsessel streitig.«
ALICE SCHWARZER[13]

In dem Buch *Oben ohne* sind die Journalistin Barbara Bierach und der Personalberater Heiner Thorborg der Frage nachgegangen, warum es keine Frauen in deutschen Chefetagen gibt. Die »typisch deutsche« Debatte um Karrieremamis oder Nur-Hausfrauen wird von internationalen Topmanagerinnen kommentiert. Kommentare, die es in sich haben:

- »*Leider sehe ich nichts davon in der deutschen Presse, und ich sehe auch nicht viele deutsche Frauen, die sich engagieren, um anderen deutschen Frauen zu helfen.*«
  Jeanette Wagner, stellvertretende Aufsichtsratsvorsitzende beim Kosmetikkonzern Estée Lauder

- »*Es wird immer irgendetwas konstruiert an Rahmenbedingungen, warum es die Erfolgsfrauen leichter haben als man selbst.*«
  Martina Rissmann, Partnerin bei der Boston Consulting Group

- »*Frauen unter sich sind oft viel schlimmer als Männer mit Frauen. Viele Frauen gucken schon so, dass man sofort sieht, dass sie kein Selbstbewusstsein haben. Und wenn eine keine innere Balance hat, geht es ewig um die Frage: Wie sieht die denn aus? Es gibt viel Neid unter den Frauen, viele reagieren auf eine Karrierefrau sehr negativ, fast ängstlich, eifersüchtig. Und dann geht es immer um die Frage, wer ist jünger, dünner, hübscher.*«
  Eine amerikanische Finanzchefin eines großen deut-

schen Automobilzulieferers, die nicht namentlich genannt werden möchte, über deutsche Verhältnisse

Mangelnde weibliche Solidarität kennt man aber auch auf internationaler Ebene. Leider!

- *»Einige der schlimmsten Personalberater hier in England sind Frauen. Die helfen nur Nachwuchsfrauen, aber niemandem in ihrem eigenen Alter.«*
  Lady Barbara Judge, Chairman der englischen Atomenergiebehörde

Wie geht es Ihnen nach der Lektüre? Starker Tobak, war mein erster Gedanke. Und dann: Gibt es nicht ebenso positive Beispiele? Und ob! Einige davon sollen hier erzählt werden.

Als eine Klientin in eine Geschäftsführungsposition wechselte, holte sie zwei Abteilungsleiterinnen nach. »Jetzt fangen Sie auch noch damit an«, musste sie sich von ihrem enttäuschten Ex-Chef anhören. Wie konnte sie nur! Allenfalls die Sekretärin nachzuholen wäre akzeptabel gewesen, aber gleich zwei Führungskräfte?

Sorry, aber erstens würden Frauen einen großen Fehler machen, wenn sie Schlüsselpositionen nicht mit Vertrauten besetzten. Und zweitens ist dies doch ein wunderbares Beispiel dafür, wie Frauen andere Frauen fördern.

Vor einigen Jahren übernahm ich eine Abteilung, in der ich es mit zwei Mitarbeiterinnen zu tun hatte, die sich nicht grün waren, das merkte ich schnell. Nun gut, dachte ich, das kommt vor. Auch unter Männern. Ich beschloss, die Sache vorerst auf sich beruhen zu lassen, sie aber aufmerksam zu beobachten. Man muss sich nicht lieben, um miteinander arbeiten zu können. Umgekehrt geht es ja auch selten gut. Aber ein gutes Klima ist mir wichtig, und das kann schnell kippen. Also war ich auf der Hut. Es dauerte nicht lange, da erhielt ich von beiden eine E-Mail, wovon sie aber untereinander nichts wussten. Sie können sich die Litanei der gegenseitigen Vorwürfe schon denken. Du liebe Güte, Zickenalarm, dachte ich. Ich bin allergisch gegen Heimlichtuereien und lasse mich nicht zum Spielball anderer Interessen machen. Also verabredete ich ein Treffen für den nächsten Morgen. Als sich beide in meinem Büro gegenüberstanden, war zwar nicht die Freude, aber die Überraschung groß. Während des

Gesprächs fiel bei mir langsam der Groschen. Offensichtlich hatte jede von mir (als Frau?) erwartet, dass ich Partei für sie ergreife und mich im Vieraugengespräch mit ihr verbrüdere oder besser verschwestere. Deshalb gab ich den beiden die eindeutige Botschaft, dass ich ein gutes Klima und eine konstruktive Zusammenarbeit sehr schätze und das auch von ihnen erwarte. So, das war's.

Die Reibereien haben dann ziemlich schnell aufgehört. Mit gutem Beispiel voranzugehen hat immer noch eine starke Wirkung. Damals habe ich begriffen: Hüte dich davor, Bevorzugung zu praktizieren und heimliche Hierarchien zu zementieren. Man ist als Führungskraft auch mitverantwortlich für die Stimmung und das Verhalten im Team.

Noch ein eindrucksvolles Beispiel für gemeinsame Sache unter Frauen:

Als ich mich selbstständig machte und anfing, meine Coaching- und Beratungspraxis aufzubauen, rief mich eines Tages eine Coach-Kollegin an. Wir kannten uns von verschiedenen Veranstaltungen und hatten einige interessante Gespräche geführt und dabei festgestellt, dass wir eine ähnliche Managementvergangenheit hatten. Sie suchte eine vertrauenswürdige Kollegin, an die sie Coaching-Interessierte weiterempfehlen konnte. Ihr Geschäft lief mittlerweile so gut, dass sie nicht mehr alle Anfragen bewältigen konnte, und einige Klienten wollten oder konnten sie sich nicht leisten. Dass sie vorrangig die Privatzahler (im Coaching wird zwischen Privat- und Firmenzahlern unterschieden, wobei die Honorare im Firmenbereich höher liegen) an mich weiterempfehlen wollte, war klar und für mich völlig okay. Ich habe davon nicht nur unmittelbar profitiert, sondern auch und vor allem indirekt, indem mich einige dieser Kunden wiederum weiterempfohlen haben. Das hat natürlich einige Zeit gedauert, aber das Empfehlungsmarketing funktionierte.

Ich kann mich noch bestens an den Kommentar einer Bekannten erinnern, der ich damals spontan von dem Anruf erzählt hatte (leider): »Die schiebt dir doch nur die unlukrativen Aufträge rüber, auf die sie selbst keine Lust hat.« Natürlich kann man das auch so sehen, aber was hat man davon? Null Komma nichts! Die Kollegin hatte durch harte Arbeit ihren Laden zum Laufen gebracht und konnte nun wählen. Was will man mehr?

Und für mich war in der Startphase ein kleiner Auftrag besser als kein Auftrag. Ich habe ja nicht für Dumpingpreise gearbeitet, sondern für im Privatbereich marktübliche Stundensätze. Zwei Jahre später akquirierte ich einen dicken Auftrag, bei dem ich aus Kapazitätsgründen Teilbereiche untervergeben musste. An wen wohl?

Weil ich es will

In unserem Umfeld wird es immer die einen geben, die sagen: »Wie schaffst du das nur?« Und die anderen, die meinen: »Wieso tust du dir das an?« Wichtig ist, dass Sie selbst darauf eine Antwort wissen. Die beste Motivation: Weil ich es will! So wie es Männer motiviert, wenn sie ihre Frau und Familie hinter sich wissen, werden auch Frauen durch Männer motiviert, die mitspielen. Partnerschaftliche und familiäre Unterstützung sind zweifellos wichtige Faktoren, sie können aber nicht die Selbstmotivation ersetzen.

Das sagen Frauen:
»Beruf Tochter war für mich nie eine Alternative, sondern ein Albtraum. Beruf Ehefrau genauso. Natürlich bin ich von Männern gefragt worden: ›Würdest du für

mich deinen Beruf aufgeben? Für mich und unsere Familie?‹ Die Antwort war immer dieselbe: Nein!«
ANGELIKA JAHR-STILCKEN[14]

Den richtigen Mann wählen
Wenn Sie die Doppelrolle »Managerin und Mutter« wollen, dann sollte sich das möglichst auch Ihr Mann oder Partner vorstellen können. Wenn der nicht mitzieht und Sie eher in der Doppelrolle »Mutter und Hausfrau« sieht, sind Zielkonflikte programmiert. Das gilt natürlich auch für den umgekehrten Fall. Vertrauen Sie nicht darauf, dass sich die Thematik im Ernstfall schon irgendwie regeln wird, sondern besprechen Sie frühzeitig mit Ihrem Partner, wie Sie leben und arbeiten wollen. Eine perfekte Lösung ohne Nachteile gibt es sowieso nicht. Am Ende sollte ein klares »wir wollen« stehen. Natürlich müssen Sie dieses Konzept von Zeit zu Zeit überprüfen, neu justieren und gegebenenfalls Kurskorrekturen vornehmen. In diesem Thema lauern genug Skrupel und Sorgen, mit denen wir uns gern selbst blockieren. Etwa: Beruflicher Erfolg geht immer zu Lasten der Familie. Lassen Sie sich nicht verrückt machen!

Das sagen Frauen:
»Ein Schlüsselfaktor für die Karriere jeder Frau ist die Wahl des richtigen Lebenspartners.«
ULRIKE DETMERS, BWL-Professorin und Mitgesellschafterin der Mestemacher-Gruppe [15]

»It's all about clear choices!«
ANNE MULCAHY, CEO of XEROX Corp.[16]

Für die amerikanische Spitzenmanagerin, die 2001 den Vorstandsvorsitz beim angeschlagenen XEROX-Konzern übernommen und das Unternehmen aus der Krise geführt hat, und ihren Mann war von Anfang an klar: »We wanted both – kids and careers.«

Anne Mulcahy wird vor allem als gefragte Rednerin zu Leadership und Turnaround herumgereicht. Den rigiden Markt- und Mitarbeiterkurs, den sie dem Unternehmen verordnet hat, hat sie einmal als heilsame Therapie gegen Machtmissbrauch im Elfenbeinturm der Vorstandssuiten bezeichnet.

Karriere-Notausgang Kind

Nicht zufällig ist das Zitat des deutschen Forstwissenschaftlers Friedrich Wilhelm Leopold Pfeil *»Alle Theorie ist grau, und nur der Wald und die Erfahrung sind grün«* zum geflügelten Wort geworden. Auch wenn Sie bei Karrierestart genau nach Ihren Motiven geforscht haben und sich über Ihre Ziele (Kapitel 3.1 befasst sich ausführlich mit der Zielmaterie) klar geworden sind, ist das leider weder eine Garantie dafür, dass es so kommt, noch, dass es so bleibt.

Ziele und Vorstellungen ändern sich im Laufe des Lebens, und das ist auch gut so. Und wenn Frauen die große Karriere nicht wollen oder nicht mehr wollen? Na, und! Auch Männer geben auf. Das ist keine Schande. Apropos Männer: Auch da fällt es vielen leichter, sich verbal aufgeschlossen zu geben, als einige Jahre später – wenn die Karriere ins Rollen gekommen ist – tatsächlich Elternzeit zu beantragen. Ist das erste Kind da, verfallen viele Partnerschaften in alte Rollenmuster, und die Frau darf sehen, wie sie beides gebacken bekommt. Männer arbeiten dann nicht weniger, sondern mehr, wie Untersuchungen belegen. Der »neue« Vater soll sich Zeit für seine Kinder nehmen, muss aber offensichtlich mehr arbeiten, um das materielle Wohl der Familie zu sichern. Nur wer Schlechtes dabei denkt, sieht darin eine Flucht vor schmutzigen Windeln und Babygeschrei. Das Hauptmotiv dürfte der Karrierezug sein, der ansonsten abgefahren ist.

Den Spagat muss man wollen
Man kann aber noch so sehr an den Rahmenbedingungen drehen, Kind und Karriere werden immer ein Spagat bleiben. Den hinzubekommen muss man wollen. Wobei man dafür wie ein Sportler trainieren kann. Und Sportler wissen, dass es Schmerzgrenzen gibt und dass man diese beachten sollte.

Gibt es den Trend einer neuen Karrierezurückhaltung? Die heutige Generation junger, karrierewilliger Frauen ist so gut ausgebildet wie noch nie. Ihre Startchancen sind deutlich besser, und es scheint keine Frage zu sein, dass für sie zuerst die Karriere kommt. Und dann? Beruf und Kinder: Ja. Aber eine dauerhafte Karriere zu Lasten von Kindern, Familie oder Partnerschaft – nein, danke? Eine provokante These, der ich in meiner Untersuchung unter weiblichen und männlichen Führungskräften großer deutscher Unternehmen, darunter auch etliche DAX-Konzerne, 2005 nachgegangen bin. Das Ergebnis:

- Die Mehrheit der Befragten bestätigt den Trend nicht.
- Am deutlichsten widersprechen ihm die Männer (68,5 Prozent).
- Aber immerhin: 40 Prozent der Managerinnen halten ihn für wahrscheinlich.

Frauen wissen heute, dass sie vielfältige Karrierechancen haben, aber sie wissen auch, dass der Preis dafür hoch ist. Als »Eintrittskarte« gelten immer noch nahezu unbegrenzter Zeiteinsatz und uneingeschränkte Mobilität.

Kürzlich saß ich bei einer Abendveranstaltung neben einer Frau, die sich bewusst für ein anderes Leben entschieden und den Schritt zurück in die zweite Reihe gemacht hat. Mit Anfang 30 leitete sie das Internationale Controlling eines großen Konzerns. Vor Kurzem war sie Mutter geworden. Sie wird nach einem Jahr Elternzeit in das Unternehmen zurückkehren, aber als Referentin, um beiden Aufgaben, wie sie sagte, gerecht werden zu können. Genauso offen, wie sie mit ihrem Vorgesetzten über ihre Zukunftspläne sprach, reagierte er. Die Wahl ihrer Nachfolgerin konnte sie maßgeblich mitentscheiden und die nicht ganz einfache Konstellation ausführlich mit ihr besprechen. Zweifelsohne ein

*mutiger Schritt, aber auch eine klare, den eigenen
Zielvorstellungen entsprechende Entscheidung.
Diese Frau stand zu sich und ihren Bedürfnissen,
und das strahlte sie auch aus.*

Der Karriere-Notausgang Kind ist übrigens kein deutsches Phänomen: Vom »Ausstieg aus der Revolution« spricht die New York Times (*The Opt-Out Revolution*, New York Times vom 26.10.2003), dabei müssten Frauen doch längst jedes zweite Unternehmen in den USA leiten. Mütter mit MBA, Abschlüssen aus Harvard oder Princeton verlassen ihre Topjobs, um mehr Zeit für ihre Familie zu haben. »*Maternity provides an escape hatch that paternity does not. Having a baby provides a graceful and convenient exit.*« Also auch traditionelles Denken jenseits des Atlantiks. Mutterschaft bietet ein Schlupfloch, Vaterschaft nicht. Ein Kind zu bekommen schafft einen würdevollen und bequemen Abgang.

Ein Wunsch: Dass wir weder auf Frauen, die sich auf die Rolle der Familienmanagerin konzentrieren, mit dem Finger zeigen, noch auf Frauen, die beides unter einen Hut kriegen, oder auf die, die ganz auf Kinder verzichten, solange sie dabei erfolgreich und glücklich sind.

Die zweite Karriere

Mutterschaft ist aber nicht der einzige Grund, weshalb hoch qualifizierte Frauen ihre Unternehmenskarriere an den Nagel hängen.

Lebensstandard heißt nicht automatisch Lebensqualität

Vor allem Frauen über 40, die schon einiges erreicht haben, verlassen ihre hoch dotierten Jobs, um sich selbst neu zu definieren, fangen noch einmal ganz von vorne an, machen sich selbstständig, gründen ihre eigene Firma oder übernehmen kleinere oder mittelständische Betriebe.

Dazu einige Zahlen, die diesen Trend bestätigen – einige sprechen sogar schon von einem Gründerinnenboom: Zwar ist der Großteil der angehenden Unternehmensgründer sowohl bei den Frauen als auch bei den Männern zwischen 35 und 44 Jahre alt – 32,6 Prozent gehören zu dieser Altersgruppe. Bei den Frauen folgt an zweiter Stelle mit 27,1 Prozent die Gruppe der 45- bis 54-Jährigen, während nur 17 Prozent der Männer in dieser Altersgruppe gründen. (Quelle: *Global Entrepreneurship Monitor*)

Diese Frauen wissen längst, Geld und Status sind schön, aber eben nicht alles. Lebensstandard heißt nicht automatisch Lebensqualität. Sie haben die männlichen Managementregeln satt. Und sie ahnen, dass es für ältere Frauen im Unternehmen nicht leichter wird, und wollen sich nicht wie ihre männlichen Kollegen auf Abstellgleise schieben lassen und endlose Jahre geparkt in irgendwelchen Projekten verplempern. Sie sehen ja, was Männern blüht. Und rein statistisch gesehen, hat eine heute 45-Jährige die zweite Hälfte ihres Lebens noch vor sich. Das muss man sich auf der Zunge zergehen lassen. Dabei kann man ganz schön ins Grübeln über die Zukunft kommen. Und hoffentlich auch ins Handeln.

Das sagen Männer:
»Das Jahrzehnt zwischen 50 und 60 ist jener Zeitraum, in dem, ähnlich wie zwischen 20 und 30, Lebenszeit und Lebenserfahrung in unvorstellbarem Ausmaß verschwendet werden. Man kann, etwa bei Männern in Führungspositionen, studieren, wie viel Energie in die unablässige Abwehr einer gefühlten Gefahr investiert wird.«
FRANK SCHIRRMACHER: *Das Methusalem-Komplott*

Manchmal kommt ein glücklicher – wenngleich anfangs nicht immer als solcher betrachteter – Zufall wie beispielsweise ein Stellenabbauprogramm oder eine Fusion zu Hilfe. Dann werden großzügige Abfindungen gezahlt, und Frauen ergreifen die Chance als Startkapital. Oder sie versilbern ihre Eigentumswohnung, kürzen Kleiderbudgets und Urlaubskassen, um größere Zeitsouveränität und Zufriedenheit zu erlangen. Ein bequemer Ausstieg ist das meistens nicht, aber oftmals ein befreiender.

Gern wird hier argumentiert, Frauen unterschrieben zu schnell Abfindungsverträge, seien zu schnell zur Aufgabe bereit, dächten nicht an ihre Alterssicherung. Aber von wem denn? Von Leuten, die große Theoretiker in Sachen Konzernkarriere sind. Vielleicht ist es viel besser, mit Mitte oder Ende 40 noch umzusatteln und sein »eigenes Ding« zu machen, als mit Mitte 50 auf der Straße zu stehen. Ich zumindest kenne einige Manager, die das sofort täten, hätten sie nicht für Frau, Kinder, Haus und andere Annehmlichkeiten des Lebens zu bezahlen. Natürlich sollte man sich nicht zu schnell in die Defensive drängen lassen und voreilig Aufhebungsverträge unterschreiben. Und um die Abfindungshöhe sollte man heftig kämpfen und sich nicht unterbuttern lassen. Aber wenn man jahrein, jahraus das Gefühl hat, man kassiere Schmerzensgeld, dann lohnt es sich, ernsthaft über Alternativen nachzudenken.

Das sagen Frauen:
»Zeigen Sie Steher-Qualitäten, und lassen Sie sich nicht zu schnell unterkriegen. Selbstständigkeit braucht Kampfgeist, Durchhaltevermögen und Herzblut, aber belohnt dafür mit einer schönen Portion Freiheit, Stolz und Glück.«
ANTJE WILLEMS-STICKEL, Ex-Managerin, heute Geschäftsführerin Creme 21, *»wollte nicht 20 Jahre lang so weitermachen wie bisher«* und kaufte 2003 die Kultmarke der Siebziger *Creme 21* und erweckte sie wieder zum Leben [17]

Im Zusammenhang mit Karriere wird auch gerne von der Karriereleiter gesprochen. In diesem Bild erklimmt man Sprosse um Sprosse. Manchmal muss man auf einer Stufe länger ausharren, als einem lieb ist, manchmal bricht eine Stufe und damit die Karriere ein. Und manchmal kommt man oben an und stellt fest: So toll ist die Aussicht gar nicht – und klettert wieder runter. Vielleicht stand die Leiter auch an der falschen Wand?

Das sagen Männer:
»Es ist sehr viel einfacher, am bekannten Leben festzuhalten, selbst wenn es uns anscheinend nirgendwohin führt. Ein Wechsel des Lebens zwingt uns oft, auf einer anderen Leiter noch einmal auf der untersten Stufe zu beginnen. Doch wenn wir entdecken, dass die Leiter, die wir zu erklimmen versuchen, an der falschen Mauer lehnt, ist die Entscheidung eigentlich unausweichlich.«
CHARLES HANDY, Management-Guru und Gründer der London Business School: *Ich und andere Nebensächlichkeiten*

Ich kann an dieser Stelle kein Buch über Existenzgründung schreiben, zum einen gibt es dazu unendlich viel Literatur, zum anderen gibt es größere Experten als mich zu diesem Thema. Da ich diesen Weg aber auch gewählt und ein eigenes Unternehmen auf die Beine gestellt habe, drei Dinge, die es aus meiner Erfahrung unbedingt braucht, um eine gute Idee umzusetzen:

- **Know-how und Kompetenzen:** Fach- und Branchenkenntnisse sind unerlässlich, ebenso wie persönliche Kompetenzen: Handlungsorientierung, Durchhaltevermögen, Aushalten von Unsicherheit, hohe Selbstmotivation und gutes Selbstmarketing.

- **Kontakte:** Menschen, eine Vielfalt von Verbindungen, Netzwerke. Sehen, dass man im Gespräch und im Geschäft bleibt.

- **Kapital:** Abgesehen von eventuellem Gründungskapital braucht es finanzielle Ressourcen, um Durststrecken zu überbrücken. An der alten Gründerregel: Es dauert im Schnitt drei Jahre, bis die Gründung den Gründer ernährt, ist durchaus etwas dran.

Trotzdem: Für eine neue Idee gibt es keine Sicherheit. Es ist natürlich etwas völlig anderes, nur gedanklich ins Boot zu steigen, als tatsächlich loszurudern.

Der Weg in die Selbstständigkeit ist kein Spaziergang
Meine Beobachtung ist, dass Männer, die eine Führungsposition innehatten und quasi aus der Not heraus in die Selbstständigkeit gehen, sich erheblich schwerer tun mit dem Verlust an Privilegien, Prestige und dem Kollegenkreis als Frauen. Der Pluspunkt von Frauen ist, dass bei ihnen oftmals die Verwirklichung eines Traums im Vordergrund steht und nicht der Wunsch, es anderen zu beweisen. Das birgt aber auch Risiken, nämlich die Gefahr, sich zurückzulehnen. Sie haben sich für ein schickes Corporate Design entschieden, einen ansprechen-

den Internetauftritt erstellt oder erstellen lassen. Das ist wichtig, aber dadurch haben Sie noch keinen Kunden gewonnen. Jetzt beginnt die Marketing-, Vertriebs- und Pressearbeit, die vielen Frauen schwerer fällt als Männern, die aber konsequent und kontinuierlich betrieben werden muss, damit Sie einen gewissen Bekanntheitsgrad erreichen. Der Weg dorthin ist kein Spaziergang.

Selbstständige müssen mit Unsicherheit und Ungewissheit umgehen können und lernen, mit Schwebezuständen fertig zu werden. Wer das nicht erträgt, verfällt leicht ins Nichtstun. Sie müssen Dinge anschieben, von denen Sie nicht wissen, ob sie zum gewünschten Erfolg und Auftrag führen. Nichts geschieht auf Knopfdruck. Und nichts funktioniert für alle Zeiten: Gute Geschäfte in der Gegenwart schützen nicht vor Schwierigkeiten in der Zukunft. Das Prinzip von Versuch und Irrtum gehört wie selbstverständlich zum Unternehmensaufbau. Wer hier schnell frustriert ist, ist auch schnell verleitet, den ganzen Krempel hinzuwerfen und es gleich wieder sein zu lassen.

Ich bin nicht gerade der geduldigste Mensch. Diese Schwäche ist zwar durchaus nützlich, wenn es darum geht, Dinge voranzutreiben, aber nicht bei der Auftragsakquisition. Man muss abwarten können. Okay, sagte ich mir, ich habe so viel in meinem Leben gelernt, da werde ich das auch noch lernen. Und es funktioniert. Heute vertraue ich darauf, dass aus jeder Akquisitionslawine, die ich lostrete, nach einer gewissen »Inkubationsphase« etwas herauskommt, lehne mich bewusst zurück und lasse mich überraschen.

Man ist in der Selbstständigkeit zwar Chef und Firmenpolitik los, dafür darf man aber zunächst alles alleine machen und das meistens – zumindest in der Anfangsphase – für weniger Geld. Und Ihre Kunden haben zu Recht auch ihre Anliegen und Ansprüche. Ganz abgesehen von den seltsamen Fantasien ehemaliger Kollegen oder angestellter Freunde. »Na, liegst du gerade in der Sonne?« ist noch harmlos. Es gibt praktisch keine neue Tätigkeit ohne Nachteile. Es mögen andere sein, aber irgendetwas werden wir immer in Kauf nehmen müssen. Was, entscheiden letztendlich Sie. Erfolgreiche Gründer und Gründerinnen waren meistens auch erfolgreiche Angestellte und wissen, dass es ein Berufsleben ohne Abhängigkeiten und Belastungen nicht gibt.

2.4 Mythos Macht

Nachdem wir uns mit Männern und Kindern befasst haben, wenden wir uns in den beiden folgenden Abschnitten uns selbst zu. Denn es wäre zu einfach, die Probleme nur bei anderen zu suchen.

Man kann nicht alles Männern und Kindern in die Schuhe schieben
Die Karrierehemmungen von Frauen haben nicht nur eine äußere, sondern auch eine innere Dimension, wie viele Befragungen bestätigen. Neben machtgewohnten Männern müssen sich Frauen auch mit ihrem inneren Feind, der Machtablehnung, herumschlagen.

Wenn Sie – egal ob Mann oder Frau – eine Managementposition anstreben, kommen Sie am Thema Macht nicht vorbei. Dabei geht es nicht um Allmacht und großes Getue, sondern um den Einfluss, Dinge zu verändern und zu verbessern. Und diese Einflussmöglichkeiten sollten Sie auch einsetzen.

Das sagen Männer:
»Entscheidend ist nicht die Frage, ob man Macht hat, entscheidend ist die Frage, wie man mit ihr umgeht.«
ALFRED HERRHAUSEN, Bankier[18]

Frauen wird im Umgang mit Macht gern zum Vorwurf gemacht, dass sie nicht danach greifen, sie teilweise sogar ablehnen. Die Studie *Frauen und Macht* der Beratungsgesellschaft Accenture aus dem Jahr 2002 kommt zu dem Schluss, dass Führungsfrauen nicht nach Macht streben. Interessante Arbeit, etwas Sinnvolles tun – das motiviert weibliche Talente viel mehr, eine Karriere anzustreben, als die Aussicht, mehr Macht zu erlangen. Auch die Hamburger Wirtschaftsprofessorin Sonja Bischoff, die seit 1985 Männer und Frauen in Führungspositionen befragt, kommt in ihrer letzten von vier Studien (Bischoff, 2005) zu dem Schluss: »*Das Machtbewusstsein der Frauen scheint auf einem Tiefpunkt angekommen zu sein.*«

Hier hat sich an den »klassischen« Denkmustern offenbar nicht viel verändert. Wie sagte schon Rita Süssmuth auf der Frauenmesse TOP 1997 in Düsseldorf: »*Ich habe den Eindruck, Frauen sind eher die Königinnen der Nacht als die Königinnen der Macht.*«

Eigentlich tröstet es da, dass die Financial Times Deutschland in der Serie *Töchter der Deutschen Wirtschaft* (28.11.2007) über die neue Chefin der Konradin-Verlagsgruppe, Katja Kohlhammer, schreibt, ihre Macht und ihr Durchsetzungswille seien vielen Mitarbeitern nicht ganz geheuer. Bei ihrem Aufstieg seien einige Führungskräfte auf der Strecke geblieben. Tja, wie bei Chefwechseln üblich.

Den Blick fürs Machtgeschehen schärfen

Ist Macht wirklich eines der letzten *dirty words,* wie es die Harvard-Business-School-Professorin Rosabeth M. Kanter vor 30 Jahren formulierte? Vielleicht kein schmutziges Wort mehr, aber auf jeden Fall zeigt sich Macht im Management noch immer als brisantes Thema.

Macht wird von Frauen schnell mit Machtmissbrauch und Imponiergehabe gleichgesetzt, und kaum eine steht zu ihr. Das wiederum wird ihnen als Führungsschwäche ausgelegt. Wenn Sie Mitarbeiter Meier sagen, dass er seine Präsentation in dieser Form auf keinen Fall halten kann – dann ist wahrscheinlich eine Nachtschicht fällig und er sauer auf Sie, oder zumindest ist der Arbeitsfrieden vorübergehend gestört. Andererseits sind Sie diejenige, die beim Chef den Kopf hinhält. Sie sind für das Ergebnis Ihrer Leute mitverantwortlich und müssen deshalb Klartext reden.

Es nützt nichts, Macht nur mit Umschreibungen schönzufärben. Zur Macht gehören auch Durchsetzungskraft und klare Worte.

Manchmal muss man ein Machtwort sprechen und sagen, wo es langgeht. Was ja nicht heißt, dass Sie brüllen oder mit der Faust auf den Tisch hauen, aber Ihre Kritikpunkte sollten Sie schon so deutlich formulieren, dass auch Männer sie verstehen. Männer bevorzugen einfache, direkte Sätze: Subjekt – Prädikat – Objekt. Klare Ansagen, aktiv formuliert: »Sie müssen die Präsentation überarbeiten!« Und nicht: »Die Präsentation muss noch überarbeitet werden.« Und an wen hatten Sie da so gedacht?

Im Managementgeschehen gehört die Machtkomponente zu den wichtigen Einflussfaktoren, um Dinge anzupacken, Entscheidungen zu treffen und Ziele zu erreichen. Macht in Unternehmen bedeutet Gestaltungsmacht, Steuerungsmacht, Macht, Einfluss zu nehmen und etwas zu bewegen. Machtstrukturen regeln in Organisationen, wer was entscheiden darf, sorgen damit für Klarheit und Orientierung.

Eine Führungsposition ist immer auch eine Machtposition. Auf machtlosen Posten ohne echten Entscheidungs- und Gestaltungsfreiraum können Frauen kaum etwas bewirken. Und, ja: Frauen, die an ungeschriebenen Gesetzen und Regeln rütteln, wirbeln Staub auf. Da passiert es hin und wieder, dass jemand ins Husten kommt, das muss man aushalten können.

Macht ist wie Dünger – sie muss eingesetzt werden
Vielleicht haben Sie den wunderbaren Film *Der Teufel trägt Prada* gesehen. Wenn nicht, holen Sie sich die DVD. Es lohnt sich. Mehr als nur ein unterhaltsamer Film über Mode, ist er vor allem auch ein Film über Macht. »Das ist Ihr Job«, delegiert die *Runway*-Chefin Miranda Priestly (von Meryl Streep mit komödiantischem Talent famos gespielt) unmissverständlich. Macht ist wie Dünger: Wenn man sie nicht einsetzt, kann sie auch nicht wirken.

Das sagen Frauen:
»Wichtig ist in jedem Fall, sich die Arithmetik der Macht, die in größeren Konzernen und Organisationen über Positionen entscheidet, anzusehen.«
REGINE STACHELHAUS, Geschäftsführerin Hewlett-Packard Deutschland und 2005 Mestemacher-Preisträgerin *Managerin des Jahres*[19]

Zur Macht gehört auch, nicht leichtfertig auf Privilegien zu verzichten, die mit einer Position verbunden sind. Dazu gehören zum Beispiel Titel auf Visitenkarten. Zwar stimmt es, dass es auch in deutschen Unternehmen in den letzten Jahren eine Titelinflation gab und viele Stellenbezeichnungen mehr Schein als Sein sind. Trotzdem: Die bescheidene Einstellung »der offizielle Titel ist mir nicht so wichtig, viel wichtiger ist doch die eigentliche Aufgabe« ist leider typisch weiblich. Und wer denkt, »bei uns weiß doch sowieso jeder, dass ich den Laden schmeiße, ist doch egal, was auf der Visitenkarte steht«, der verkennt, dass Visitenkarten auch ein Selbstmarketing-Instrument sind.

Statussymbole erleben ein Comeback. Zwar werden die Insignien des Erfolgs heute zurückhaltender präsentiert – es trägt ja auch niemand mehr Sweatshirts mit BOSS-Aufschrift, aber die Marke läuft trotzdem hervorragend –, Einzelbüro und Dienstwagen samt Firmenparkplatz sind jedoch wieder in Mode.

Frauen konkurrieren um Anerkennung, Männer um Statussymbole

Ein eigener Parkplatz wäre zwar schön und stünde Ihnen seit der Beförderung zur Abteilungsleiterin auch zu, aber das Bereichskontingent von fünf Parkplätzen ist bereits erschöpft und vergeben, und Sie landen auf der Warteliste. Wieso den Chef damit nerven? Noch dazu, wo er Sie gestern für das flott verfasste Meetingprotokoll gelobt hat? Sie halten persönlich herzlich wenig von Statussymbolen? Tun das Ganze als Männergehabe und gespielt wichtig ab? Wenn Sie jetzt heftig nicken, ist es Zeit, dass Sie Ihre Einstellung überdenken. In Unternehmen wird peinlichst genau darauf geachtet: Einzelbüro und Edel-Büromöbelserie oder Großraumbürofläche mit Stellwänden? Wie viele Grünpflanzen? Welche Dienstwagenklasse? Parkdeck oder Tiefgarage? Oder kennen Sie einen Kollegen, der sich nicht stundenlang mit der Ausstattung seines Firmenwagens beschäftigt? Während der Arbeitszeit, versteht sich. Und Sie warten noch immer auf einen Parkplatz?

In einer meiner früheren Positionen ist mir nach vier Monaten und mehreren Vorstößen – auch bei meinem obersten Vorgesetzten, aber der wollte sich offensichtlich nicht die Finger verbrennen – der Kragen geplatzt: »Sagen Sie mir doch einfach, was Sie trinken«, zeigte enorme Wirkung. Innerhalb von zehn Tagen hatte ich meinen Parkplatz, ohne je eine Flasche in der Zentralen Parkplatzverwaltung abgeliefert zu haben. Die Herren waren wohl der Meinung, dass ein Parkplatz einer Anfängerin in dieser Firma nicht zustand, und verteilten das knappe Gut lediglich an Hochgediente. Da hilft nur, deutlich zu werden und eingefahrene Machtspielchen aufzulösen.

Und wenn Sie es an die Vorstandsspitze geschafft haben und dort noch Vorstandsfahrer aktiv sind, dann lassen Sie diese armen Männer bloß nicht links liegen. Bevor Sie solche heiligen Kühe schlachten, sollten Sie sich aufs Wesentliche konzentrieren und sehen, dass Sie fest im Sattel sitzen. Dann können Sie immer noch neue Regelungen ersinnen und alte Relikte abschaffen.

Was man aber tunlichst vermeiden sollte, ist, seinen Status auszuspielen. Zu spät zu Meetings zu kommen, seine Gesprächspartner warten zu lassen – am Empfang oder am Telefon –, das sind Spielchen, die von Machtarroganz zeugen. Jemand, der wirklich über Macht verfügt, hat solche Demonstrationen nicht nötig. Verzichten sollten Sie auch auf Pompösitäten. Auf alles, was nach Luxus, Gier und Überfluss aussieht. Derartiger Status-Schnickschnack schickt sich nicht. Aber hier laufen Frauen kaum Gefahr.

Eine eigene Erfahrung mit den Allüren der Chefliga: Auf einer Geschäftsreise in den USA erreichte mich der Anruf einer aufgebrachten Vorstandssekretärin, die Himmel und Hölle in Bewegung gesetzt hatte, mich ausfindig zu machen. Ich müsse unbedingt fünf Boxen Golfbälle für den Vorstand besorgen, so der Auftrag, koste es, was es wolle. Genau! Und die Bälle sofort nach der Landung ins Taxi setzen und an seine Privatadresse kutschieren lassen. Sonst noch Wünsche? Waren Sie schon einmal zwei Stunden vor Abflug in einem amerikanischen Sport-Supermarkt und wollten Golfbälle kaufen? Meterweise Regale voll mit den weißen Kugeln: whiter than white, extreme, premium, high density, low density??? Die Rettung kam von einem Kollegen: »Für Hans bloß nichts mit low!«

Sie kommen nicht zum Zug?

Vor einiger Zeit kam eine Klientin, die als Leiterin Vertriebsprojekte sehr erfolgreich in der Telekommunikationsbranche tätig ist. Wenn Manuela Schmidt den Raum betritt, weiß man, was Sache ist. Was brachte sie ins Coaching? Frau Schmidt ärgerte sich, dass sie trotz ihrer Durchsetzungsstärke – wie sie betonte – in Meetings mit ihren guten Ideen nicht richtig zum Zug komme, ihre Vorschläge dann aber im Laufe der Sitzung von einem ihrer Kollegen erfolgreich aufgegriffen würden. »Kein Hahn kräht danach, dass das eigentlich meine Idee war. Das lass ich mir nicht bieten«, war ihr Standpunkt. Eines meiner Lieblingsthemen, das mich in meinen Berufsanfängen in zahlreichen Meetings verfolgt hatte! Wie oft war meine Idee versenkt worden.

Frau Schmidt hatte die Vorstellung (oder irgendwo den fragwürdigen Rat bekommen), sich als Frau immer durchsetzen zu müssen – notfalls auch gegen den eigenen Chef –, und somit wenig Lust, zu dieser Ideenpiraterie zu schweigen. Manche Managerinnen machen an dieser Stelle auch gern die Schotten dicht. Ziehen sich verletzt zurück und schweigen beleidigt bis auf Weiteres. Ein anderer Typ Klientin und eine andere, aber genauso wenig zielführende Strategie.

Zurück zu Frau Schmidt. Was sie dagegen unternommen habe, wollte ich wissen. Mit einer Kollegin, der es ähnlich erging, hatte sie eine Verabredung getroffen: Wann immer es passierte, dass niemand Notiz von ihren Vorschlägen nahm und ein Kollege diese später wieder vorbrachte, lieferten sie sich gegenseitig Schützenhilfe mit den Worten: »Genau das hat Frau Schmidt (beziehungsweise Frau Kraft, die Kollegin) ja eben schon vorgeschlagen.« Überlegenes Grinsen inklusive. Das Grinsen war ihnen gründlich vergangen, als sie merkten, dass ihre Kollegen sie mehr und mehr schnitten und Manuela Schmidt zu einer wichtigen Strategie-Sitzung nicht mehr eingeladen wurde. Das war auch der Auslöser für ihre Coaching-Anfrage.

Männer wechseln zwischen Konkurrenz und Kooperation

Was war hier passiert? Für Männer gibt es ein klares Oben und ein klares Unten. Sie brauchen eine Hackordnung wie auf einem Hühnerhof. Und falsches Hühnerhofverhalten wird nicht gern gesehen. Der Hackordnung als typisch männlichem Gruppenverhalten steht das Bild von einem Korb voller Krabben (»crab basket«, Geym 1987) für typisch weibliches Gruppenverhalten gegenüber: Man kann einen Krabbenkorb beruhigt ohne Deckel stehen lassen. Jede Krabbe, die versucht, zum Rand hochzukommen – die anderen zu überholen und aufzusteigen –, wird zurückgehalten. Wir sind doch alle gleich, betonen Frauen gern, und verleugnen ihre Angst vor Überholmanövern. Dieser Vergleich impliziert aber auch, dass Männer sich bereitwilliger unterordnen und müheloser zwischen Konkurrieren und Kooperieren hin- und herschwenken können. Sich nach einer heftigen Auseinandersetzung wieder auf die Schulter klopfen und miteinander Biertrinken gehen, das funktioniert bei Männern, während Frauen dazu neigen, den einen oder anderen Aspekt überzubetonen.

Das sagen Männer:

»Die männliche Alphatier-Mentalität wird sogar von einigen Männern eingestanden. ›Männer wollen jeden an seinen hierarchischen Platz stellen‹, sagt Paul Biondi von Mercer Management Consulting.«

In: TOM PETERS: *Re-imagine*

Aufs richtige Timing kommt es an

Das Timing ist entscheidend. Den meisten Meetings gehen Statusrangeleien voraus, sie können aber auch im Laufe einer Konferenz ausgetragen werden. In diesem Gegacker sollten Sie Ihr Pulver nicht verschießen. Lassen Sie dem Herrenclub sein Hackordnungsritual. Lehnen Sie sich bei diesem Schlagabtausch entspannt zurück, oder gackern Sie mit. Nur tun Sie eines nicht: ernsthafte Beiträge zur Sache absondern. Sie greifen ins Geschehen ein, wenn auf dem Hühnerhof Ruhe eingekehrt ist. In aller Regel, nachdem der Hahn – sprich der Ranghöchste – gekräht hat. Einzige Ausnahme: Sobald er das Schlusswort gesprochen hat, ist auch Schluss. Wer jetzt noch nachkartet, ist selber schuld. Auch der rein rhetorische Sitzungsabschluss: »Noch Fragen?« ist keine Einladung, endlich zu Wort zu kommen: »Was ich noch sagen wollte…« Die volle Aufmerksamkeit ist Ihnen zwar kurzzeitig gewiss, hören will aber niemand mehr etwas, und keiner hört zu. Wie es eine Personalleiterin einmal formulierte: »Den Mund aufmachen, aber ihn im richtigen Moment auch halten.« Einiges lässt sich sowieso besser in einem gezielten Vieraugengespräch vermitteln, und ein »Darf ich Sie mal kurz entführen?« zieht noch immer.

Der Managementtrainer und Autor Claus von Kutzschenbach vermutet, dass es Männern vielleicht genauso geht, nur sprechen sie nicht darüber. Männer würden es nicht übel nehmen, wenn der ein oder andere Ideenluftballon platzt. Zumindest hat in meiner Coachingpraxis noch kein Mann dieses Thema eingebracht.

Auch habe ich nie einen Kollegen erlebt, dem deshalb der Kragen geplatzt wäre. Ich will auch nicht ausschließen, dass manchmal einfach nur Gedankenlosigkeit dahintersteckt.

Männliche Achillesferse: Kritik vor versammelter Mannschaft
Zurück zur Sitzung von Frau Schmidt. Was also tun, wenn ihr Vorschlag untergeht? Ein beleidigtes oder gar zickiges »Wie ich bereits sagte« bringt sie nicht weiter. Sich gegenseitig zur Seite zu springen kann statt der gewünschten Wirkung eine verheerende Dynamik entwickeln, wie es bei Manuela Schmidt der Fall war. Wenn Männer etwas hassen, dann ist es Gesichtsverlust. Männer reagieren oftmals empfindlicher auf Kritik als Frauen. Das ist ihre Achillesferse, und da sollten Sie nicht ansetzen. Ein Übertrumpfen vor versammelter Mannschaft ist ein Tabu, das Ihnen eine Menge Ärger einbringen kann.

Frau Schmidt könnte zu ihrem Kollegen beispielsweise sagen: »Ich bin froh, Herr Meier, dass Sie meinen Vorschlag zur Kostenreduzierung von vorhin aufgreifen. Dazu ergänzend...« Keine Untertöne. Kein Triumphlächeln. Das haben Sie nicht nötig! Während Meier sich noch über das Erklingen seines Namens (hat immer positive und disziplinierende Wirkung: Der Mensch hört nichts lieber als seinen Namen) und das Kompliment freut (jemand ist froh, dass ausgerechnet er...), kann Frau Schmidt an der richtigen Stelle mit ihrer guten Idee glänzen.

Timing ist aber nur ein Aspekt in Konferenzen. Das beste Timing nützt nichts, wenn Sie Ihre Vorschläge halbherzig mit »vielleicht« oder »ein bisschen« vortragen und damit vor allem männliche Entscheider verunsichern. Damit Ihre Ideen nicht im allgemeinen Gerede untergehen, kommt es auf die gesamte Wirkung an: gutes Timing – klare Worte – selbstbewusste Körperhaltung. Im Brustton der Überzeugung!

Gefährliche Kommunikationsfallen

Noch eine Erkenntnis aus der Sprachforschung, die das männliche Hierarchieverhalten untermauert. Deborah Tannen, die amerikanische Sprachwissenschaftlerin und Autorin des Bestsellers *Du kannst mich einfach nicht verstehen*, formulierte es in der Zeitschrift People einmal so: »*Männer nutzen die Sprache, um ihre Unabhängigkeit und ihre Stellung innerhalb der Gruppe zu bewahren. Frauen benutzen die Sprache, um Verbindungen zu schaffen, um ein enges Verhältnis herzustellen.*«

Machen Sie sich nicht zum Deppen

Auch im Business gibt es Situationen, in denen es taktisch klüger ist, den Mund zu halten, was Männer in Meetings meistens besser beherrschen als Frauen. Hier kommt ihnen das männliche Statusdenken offenbar zugute. Ist etwas entschieden, will niemand mehr Zweifel oder Bedenken hören. »Es geht doch um die Sache«, argumentieren Frauen hier gern, »da muss ich doch die Reißleine ziehen.« Ja, aber nicht vor versammelter Mannschaft. Vermeiden Sie, dass Ihr Chef oder ein Abteilungskollege aus einem anderen Ressort, dessen Idee Ihrer Meinung nach sowieso zum Scheitern verurteilt ist, sein Gesicht verliert. Kritik – egal ob berechtigt oder nicht – äußern Sie immer im kleinen Kreis! Die Sichtweise eines Jungmanagers aus dem Medien-Business, der mir von einem technischen Patzer auf einer hochkarätigen Veranstaltung erzählte, bringt es auf den Punkt: »Klar, hab ich sofort gemerkt, der Ton läuft schief, aber ich mach mich doch nicht zum Deppen und geh da raus und sag es allen.« Genau das sollten Sie auch nicht tun!

Das sagen Frauen:
»Wenn Frauen nicht in erster Linie karriereorientiert sind – was ich ja durchaus sympathisch finde –, dann ist die Welt drum herum sehr hart für sie.«
GESINE SCHWAN, Hochschullehrerin und Politikerin [20]

Sehr beliebt als Oberhandtechnik sind auch Unterbrechungen. Was tun bei einer *kompetitiven Unterbrechung*, wie die Professorin für Sprechwissenschaften, Christa Heilmann, Situationen nennt, in denen uns andere ständig ins Wort fallen. Wer sich aus dem Konzept bringen lässt und dauernd das Wort verliert, hat keinen Grund zum Selbstmitleid. Ob eine Unterbrechung gelingt, entscheidet nicht der Wortabschneider, sondern der, der spricht. Heilmann empfiehlt, stur weiterzureden, die besseren Nerven zu zeigen und einen langen Atem zu haben. (DIE ZEIT 13/2002)

Wieso macht mein Chef das mit mir?
»Wieso macht er das mit mir?«, ist eine Frage, die mir in der Beratung oft gestellt wird. Gemeint ist der Chef. »Wenn ich das wüsste«, ist meine bewusst irritierende Antwort, »was meinen Sie denn?« »Aber dafür bin ich doch hier«, klingt es dann manchmal leicht enttäuscht oder empört. Ein Lächeln entspannt, und ich rede über den Hintergrund des Einstiegs. Und dann sammeln wir gemeinsam Ideen für mögliche Beweggründe. Aus der einen Annahme werden schnell zehn weitere. Der erste Aha-Effekt: Es gibt nicht nur den einen Grund, in den sich die Klientin verrannt hat. Da wir nicht in die Köpfe anderer Leute schauen können, spielen die Gründe im Prinzip gar keine oder kaum eine Rolle. Was wir jetzt brauchen und erarbeiten, sind Alternativen, wie die Klientin erreicht, dass er damit aufhört, was auch immer dieses »Damit« ist: sie zur Schnecke zu machen, zu schreien, zu toben, sie nicht zu informieren und so weiter. Die erste Lektion sitzt: In der Kommunikation gibt es keine objektive, unumstößliche Wahrheit. Man übersieht sehr schnell die Möglichkeit einer anderen Bedeutung.

Eine kleine Geschichte aus dem Kommunikationsalltag von Mann und Frau. Das Backpulver-Beispiel des Kommunikationspsychologen Paul Watzlawick klingt zwar himmlisch komisch, hat aber so oder ähnlich sicherlich schon in vielen Küchen seinen Lauf genommen.

> *Die Frau sagt: »Ich fürchte, aus diesem Kuchen wird nichts. Der Teig geht nicht auf.«*
> *Der Mann: »Vielleicht nicht genug Backpulver. Was steht im Rezept?«*
> *Die Frau: »Das schaut dir wieder einmal ähnlich.«*
> *Er: »Was schaut mir ähnlich?«*
> *Sie: »Das mit dem Backpulver.«*
> *Er: »Was mit dem Backpulver?«*
> *Sie: »Du weißt genau, was ich meine. Immer tust du das, und du weißt, dass es mir auf die Nerven geht.«*
> *Der Mann (er war Österreicher): »Himmelkruzitürken! Wovon redest du überhaupt? Du sagst, dass der Kuchen nicht aufgeht. Ich sage, das Einzige, was daran schuld sein könnte, wäre zu wenig Backpulver, und plötzlich hat das nichts mehr mit Backpulver zu tun, sondern ist ein Defekt meines Charakters oder was weiß ich.«*

*Sie: »Natürlich. Backpulver ist dir wichtiger als ich.
Dass es das Backpulver sein könnte, das kann ich
mir selbst denken. Dir aber ist es gleichgültig,
dass ich dir mit dem Kuchen eine Freude machen
möchte.«*

*Er: »Das bestreite ich ja auch gar nicht, und das freut
mich. Ich redete ja auch nur von Backpulver, nicht
von dir.«*

*Sie: »Wie ihr Männer das nur so fertigbringt, alles so
schön sachlich auseinanderzuhalten, dass es einer
Frau dabei zu frösteln beginnt.«*

*Er: »Nein, das Problem ist, wie ihr Frauen es fertig-
bringt, Backpulver zum Gradmesser der Liebe zu
machen.«*

Und so weiter.

Noch eine ganz kurze Geschichte aus dem Kommunikationsalltag von Frauen und Männern, die ich vor vielen Jahren vom Psychologen und Kommunikationsforscher Professor Friedemann Schulz von Thun gehört habe, dessen dreibändiges Werk *Miteinander reden 1–3* Standardstatus in der Kommunikation erlangt hat:

Wir sind wieder in der Küche.
Die Frau fragt den Mann, der gekocht hat:
    »Was ist das Grüne in der Suppe?«
Der Mann: »Petersilie.«
Der Mann fragt die Frau, die gekocht hat:
    »Was ist das Grüne in der Suppe?«
Die Frau: »Wieso, schmeckt sie dir nicht?«

Vielleicht würde es sich in der modernen Version um Koriander handeln. Aber die Reaktionen sind nicht sehr anders, ich habe es an drei Frauen und einem Mann ausprobiert. Die Antworten:

Der Mann: »Koriander – quasi so etwas wie die
    thailändische Petersilie.«
Die Frauen:
– »Magst du keinen Koriander?«
– »Ja, bei Koriander gehen die Meinungen auseinander. Ich wusste gar nicht, dass du den nicht magst.«
– »Wenn du keinen Koriander magst, ich kann dir ein neues Schälchen holen.«

Mal vorsichtig ausgedrückt: Es scheint bei Frauen öfter als bei Männern Tendenzen zur Problemfixierung zu geben.

Wer nimmt, muss auch geben

Sabine Winkelmann begann vor gut anderthalb Jahren in einem großen Medienunternehmen ihre Laufbahn. Vor einigen Tagen war ihr morgens von der Sekretärin des Abteilungsleiters mitgeteilt worden, sie müsse auf der Pressekonferenz die neue Online-Plattform vorstellen. Der Chef sei verhindert. In zwei Stunden! »*Das allein ist ja schon ein Ding, aber die Krone hat er dem Ganzen am nächsten Morgen aufgesetzt*«, *erzählte sie hochgradig empört.* »*Als wir uns auf dem Flur treffen, sagt er doch:* ›*Ich habe mir übrigens ein paar Zitate von Ihnen geklaut*‹, *grinst und geht einfach weiter. Was denkt der sich eigentlich? Erst soll ich ihm unvorbereitet die Kohlen aus dem Feuer holen, und dann schmückt er sich noch mit fremden Federn. Dem ist nichts peinlich, nicht mal vor der Presse!*«

Was war passiert? Die Präsentation war bestens gelaufen, und die Fachpresse wollte einige Original-Statements von Sabine Winkelmann aufgreifen. Ihr Chef hatte im folgenden Abstimmungsprozedere mit der Presse ihren Namen durch seinen ersetzt. »*Meinen Sie, das hätte er auch gemacht, wenn ich ein Mann wäre?*«, *wollte sie von mir wissen.* »*Wahr-*

scheinlich ja«, war meine Antwort, *»aber was würde das schon ändern. Ein Mann hätte aber garantiert anders reagiert auf dieses Foulspiel.«* Vielleicht hätte er halb im Scherz, halb im Ernst geantwortet: *»Sie können sich ja bei Gelegenheit revanchieren«* oder die eigene Leistung demonstrativ herausgestellt: *»Was Wunder, hab ich ja auch echt gut hingekriegt«* – Haifischgrinsen à la Jack Nicholson inklusive. Und im Stillen hätte er eine Rabattmarke geklebt und diesen Trumpf in der Hand bei der nächsten Gelegenheit zielorientiert eingelöst. Schließlich ist es in diesem Fall mehr als angemessen, dass beide Seiten davon profitieren. *»Das sieht Männern ähnlich«*, staunte Frau Winkelmann. Ich verdolmetsche ihr, dass sie getrost davon ausgehen könne, dass ihrem Chef klar ist, dass sie jetzt einen gut bei ihm hat.

Nachdem der Ärger verflogen war und das Aha-Erlebnis gewirkt hatte, arbeiteten wir an ihrer Win-win-Strategie.

Sie überlegte seit einiger Zeit, ihren Chef auf mehr Geld anzusprechen. So ein Auftritt muss sitzen (siehe auch Kapitel 3.9, das sich ausführlich mit dem Gehaltsthema beschäftigt). Deshalb: Gut vorbereiten, Einstiegssatz zurechtlegen und laut üben. Wir sam-

melten zunächst die harten Fakten: die wichtigsten Erfolge und Ergebnisse aus den letzten 18 Monaten, als letzten Punkt natürlich ihre hervorragende Leistung bei der Pressevorstellung. Damit war Frau Winkelmann äußerlich positioniert. Jetzt ging es darum, dass sie sich auch innerlich positioniert, ihren Stellenwert in der Abteilung, im Unternehmen selbst erkennt und festlegt, welchen Wert sie dafür nehmen möchte. In einer weiteren Sitzung trainierten wir das konkrete Gehaltsgespräch, bis alle Weichmacher-Wörter wie »würde, vielleicht, etwas« eliminiert waren. »Ich dachte, ich könnte nach anderthalb Jahren vielleicht etwas mehr Gehalt bekommen«, ist kein selbstsicherer Einstieg. »Herr Hartmann, ich

Praxistipp: Was Frauen erfolgreich macht

DR. BARBARA KRUG,
Leiterin Forschung & Entwicklung, Bode Chemie:

»*Wenn du dich benachteiligt oder ungerecht behandelt fühlst, schieb es nicht darauf, dass du eine Frau bist! Es kann zehntausend Gründe dafür geben, und du wirst nie wirklich wissen, welches der ausschlaggebende war. Wenn du es auf dein Frausein schiebst, stellst du selbst dich in diese Ecke.*«

möchte mit Ihnen heute über meine Entwicklung in der Abteilung sprechen« klingt strategisch durchdacht und überzeugt von Anfang an. Drei Wochen später rief sie mich an und strahlte durchs Telefon: Es hat funktioniert!

Fallstrick Firmenkultur

Die größte Herausforderung beim Unternehmenswechsel liegt nicht in der fachlichen Qualifikation, sondern in den überfachlichen Kompetenzen. Wie passt die oder der Neue zum Unternehmen? Schnell wird der neue Job zum unerwarteten Härtetest. Um die berühmten ersten 100 Tage zu überstehen, geht es vor allem darum, sich mit der neuen Firmenkultur vertraut zu machen. Dazu gehört nicht nur das, was man Ihnen auf Hochglanzpapier ausgehändigt hat, dazu gehören in erster Linie die inoffiziellen und ungeschriebenen Spielregeln, die schnell zu Fallstricken werden können. Gerade diese geheimen Codes sind umso wichtiger, je höher Sie einsteigen.

Unterschiedliche Unternehmen haben unterschiedliche Kulturen. Hier heißt es mit vielen Leuten reden und vor allem zuhören. Klingt selbstverständlich, ist es aber nicht. Insbesondere, wenn es sich um den ersten Wechsel handelt oder wenn man beim alten Arbeitgeber einige Jahre verbracht hat, wird das Thema gern vergessen. Gerade weil einem die alte Kultur in Fleisch und Blut übergegangen ist, hat man diese Dinge nicht auf der geistigen Agenda. Dazu ein eindrucksvolles Beispiel, von dem ich vor einiger Zeit hörte:

Eine hochrangige Managerin, die neu ins Unternehmen geholt worden war, hatte sich selbst aus dem Rennen für eine Vorstandsnachfolge katapultiert. Was war geschehen? Man hatte ihr den Vorstandsposten in Aussicht gestellt, was kurze Zeit später in den Medien zu lesen war. Ihren wahrscheinlichen Aufstieg zum Vorstand hatte sie allerdings selbst in der Presse lanciert, worüber das Unternehmen ganz und gar nicht »amused« war. Eigenständige Presseaktivitäten von Managern waren in dieser Firma ein absolutes Tabu. So war der Vorstandsposten in den Sand gesetzt.

Wie kann man nur?!, so die typische Reaktion, ungeschickter kann man sich nicht einführen. Der will ich mich nicht anschließen, aber man hätte es vermeiden können. Denn dahintersteckt ein überaus menschlicher Mechanismus: Wir neigen dazu, auf die Dinge zu vertrauen, die vorher schon funktioniert haben. In ihrer früheren Tätigkeit, vermute ich, war der direkte Umgang mit der Presse für sie selbstverständlich, hatte sie Journalisten direkt Rede und Antwort gestanden. Gerade beim Jobwechsel müssen wir unsere vertrauten »Werkzeuge« kritisch betrachten. Was passt noch? Was passt nicht mehr? Wo muss ich mein Spektrum erweitern? Wir müssen Tabus oder Nichtthemen, die es in jedem Unternehmen gibt, identifizieren. An solchen heißen Eisen sollte man sich als Neue nicht gleich die Finger verbrennen. In diesem Unternehmen – das größer und vor allem konservativer war als ihr früherer Arbeitgeber – war es ein ungeschriebenes Gesetz, dass nur der Vorstand oder der Pressesprecher Kontakt zu den Medien pflegte.

Um Bewährungsproben wie einen Unternehmenswechsel erfolgreich zu meistern, müssen wir unsere vertrauten Vorgehensweisen bewusst unter die Lupe nehmen und unsere Vorhaben auf Passung abklopfen. Dieses Beispiel soll in keiner Weise mikropolitische Naivität, die Frauen manchmal nachgesagt wird, bekräftigen. Auch Männern passiert das. Da Männer auf Topebene aber auf Männer treffen im Gegensatz zu Frauen, fällt es ihnen leichter, sich schnell Verbündete aufzubauen, die ihnen beim Bier die ungeschriebenen Spielregeln des neuen Unternehmens verdolmetschen und sie vor solchen Karrierekillern warnen können. Neu im Unternehmen bedeutet auch, mit dem internen Networking wieder bei null anzufangen.

Sie haben die Wahl

Ist Ihnen alles zu kompliziert? Oder Kindergartenniveau? Es kommt häufig vor, dass Frauen, wenn sie die Regeln erst einmal kennen, entscheiden, nicht mitzuspielen. Was dann? Vielleicht kennen Sie das Prinzip »Love it. Leave it. Change it«. Danach können wir in jeder Situation – echte Katastrophen ausgenommen – aus drei Möglichkeiten wählen.

Love it. Leave it. Change it.
1. Das McDonald's-Motto: »Ich liebe es!«
2. Ich verlasse das Spielfeld, sprich die Situation.
3. Ich verändere das, was mir nicht gefällt. Dann muss ich neue Regeln ersinnen und durchsetzen.

Okay, ein bisschen Jammern gehört dazu. Kritisch wird es, wenn die Klagemauer zu Ihrem Stammplatz wird. Dann ist es Zeit, etwas zu verändern. Ja, wenn das so einfach wäre...

Ja-aber kostet viel Motivation
Nein, einfach ist das nicht. Schließlich haben wir eine Liste handfester Argumente, die gegen Schritt 2 sprechen. Eigentlich wünschen wir uns einen neuen Job. *Ja, aber:* »Keiner garantiert mir, dass es woanders besser ist. Meine Freunde werden mich für verrückt halten. So schlecht ist der Job gar nicht bezahlt. Wenn ich jetzt wechsle, dann verliere ich mein Weihnachtsgeld. Der Arbeitsmarkt wird gerade wieder schlechter. Bis zum nächsten Urlaub dauert es nicht mehr lange.« Et cetera pp. Egal, wo und was Sie arbeiten, irgendwann kommt immer ein Punkt, an dem es Phasen der Stagnation und Langeweile gibt. Sollte diese Phase zum Dauerzustand werden, ist es Ihre Entscheidung, ob Sie aus Trägheit bleiben und täglich unzufriedener werden oder doch versuchen, Ihre Einstellung zu ändern (1) oder Veränderungen vorzunehmen (3): ein neues Projekt übernehmen, sich inner- oder außerbetrieblich engagieren, neue Menschen und Themengebiete kennenlernen... Die Entscheidung liegt in Ihrer Hand.

Mit der Freundin über die schlechte Bezahlung oder das mickrige Stundenhonorar bei einem Glas Rotwein zu lästern kann Spaß machen. Ändern tut es nichts. Mutig und gut vorbereitet (Tipps hierzu in Kapitel 3.9) in ein Gehaltsgespräch zu gehen schon. Die meisten Frauen stellen hinterher überrascht fest: Es geht doch!

Die Erkenntnis, dass nicht nur Vorgesetzte, Kollegen oder Partner uns auf dem Weg zu unseren Zielen aufhalten, sondern wir uns selbst, kann entweder ungemein heilsam sein oder stark ängstigen, je nach Charaktertyp. Der Psychoanalytiker C. G. Jung hat gesagt, dass die Menschen mehr Angst vor ihren Stärken als vor ihren Schwächen haben. Vielleicht sind wir deswegen immer so verblüfft, wenn unsere Mitmenschen – die netten versteht sich – uns auf den Kopf zusagen, was wir wirklich gut können.

Stellen Sie sich vor: Sie müssten alles machen, was Sie können
Meine Tante Martha hat sich überhaupt nicht gewundert, als ich ihr erzählte, dass ich ein Buch schreibe. Wieso, meinte sie, du konntest doch immer schon schreiben, denk nur an die vielen Geburtstagsreden, mit denen du uns jedes Mal eine große Freude machst. Sie traute mir

das offensichtlich zu, während ich lange Zeit kaum jemanden einweihte. Aus der Befürchtung, ich könnte versagen und das Manuskript nie fertig bekommen. Die Furcht vor einer Blamage ist menschlich. Wenn wir sie aber nicht überwinden, berauben wir uns unserer Erfolgschancen. Wüssten wir, wie gut wir sind, müssten wir, so Jung, unser Potenzial verwirklichen. Stellen Sie sich das einmal vor: Sie müssten alles das machen, wozu Sie fähig sind.

2.5 Zu wenig Marketing in eigener Sache

Marketing in eigener Sache ist die schwache Stelle von Frauen. Während Männer Meister im So-tun-als-ob sind, ist Frauen Selbstdarstellung eher suspekt. Doch wer glaubt, berufliches Fortkommen beruhe alleine auf Leistung, verkennt die Businessrealität und vergibt unnötig Chancen.

Neben der Hauptherausforderung, sich in überwiegend männlich geprägten Management- und Führungsstrukturen durchzusetzen, in denen Männer sich gegenseitig fördern, Frauen aber im Poker um einflussreiche Positionen oftmals auf der Strecke bleiben, müssen Managerinnen vieles selbst in die Hand nehmen, um ihre Chancen auf die nächste Führungsebene zu erhöhen. Statt tiefzustapeln und abzuwiegeln (»das ist doch nichts Besonderes«), müssen Frauen »Sehhilfen« anbieten, um als potenzielle Chefinnen wahrgenommen zu werden.

Gut sein alleine reicht nicht

Die schlechte Nachricht kennen Sie ja schon: Gute Leistungen allein genügen nicht. Dass Sie gute Arbeit abliefern, um an die Spitze zu kommen, ist selbstverständlich. Um sich von der Masse abzuheben und für Gesprächsstoff zu sorgen, müssen Sie deutlich mehr erbringen als »nur« Leistung.

> *Das sagen Frauen:*
>
> »Männer nutzen rund zwei Drittel ihrer Zeit, über sich selbst zu reden und sich gut zu verkaufen. Es ist für sie ein ›vokaler Balzplatz‹, wo sie ihre Qualitäten anpreisen. Frauen dagegen suchen Informationen über andere Personen, die sie für ihre Aufgaben nutzbringend umsetzen. Daher verbringen sie zwei Drittel ihrer Zeit damit, über Dritte zu sprechen.«
>
> SUSANNA WIESENEDER: *Reputationsmanagement*

Die 10-30-60-Formel

Es reicht nicht, gut zu sein. Weitaus wichtiger für den weiteren Aufstieg ist es, die eigenen Leistungen und Kompetenzen auch geschickt zu vermarkten und sich gekonnt zu präsentieren. Dabei kommt es auf den richtigen Mix an, wie eine Studie belegt. Über berufliches Vorankommen entscheiden vor allem drei Karrieredimensionen:

- Fachwissen, Können und Leistung,
- Image und Ruf,
- Beziehungen und Bekanntheitsgrad.

Beruflicher Aufstieg hängt nur zu zehn Prozent von der Qualität Ihrer Arbeit ab, 30 Prozent entfallen auf Ihren Ruf und 60 Prozent auf Ihren Bekanntheitsgrad, darauf, wie Sie vernetzt sind. Auf eine einfache Erfolgsformel gebracht: sich ins Zeug legen – sich zeigen – sich vernetzen, darauf kommt es an. Wenn Sie die Gewichtung erstaunlich finden, dann ist es an der Zeit, sich vom Image der fleißigen Arbeitsbiene zu verabschieden.

Haben Sie sich auch schon gefragt: Wieso kennt den oder die jeder? Wenn Sie echten Erfolg haben wollen – egal, ob angestellt oder selbstständig –, dann müssen Sie sich aktiv selbst vermarkten und dafür sorgen, dass Sie bekannt werden, sich gezielt Bühnen suchen, auf denen Sie sich bewegen und sich einen Namen machen. Einen guten, versteht sich. Kollegen, Mitarbeiter, Vorgesetzte, Kunden, Ihr internes und externes Netzwerk – sie alle sind Multiplikatoren Ihrer Ergebnisse und Erfolge. Merke: Im Gespräch bleiben, aber nicht ins Gerede kommen.

Nicht die beste Sachbearbeiterin sein wollen
Wenn man die Gewichtung der drei Erfolgsfaktoren mit einer Führungskarriere in Verbindung bringt, erstaunt dies nicht mehr. Je höher Sie aufsteigen, desto mehr treten Ihre Fachkenntnisse in den Hintergrund, und desto geringer wird Ihr Anteil am fachlich-operativen Tagesgeschäft. Sie sollten auf keinen Fall Ihre beste Sachbearbeiterin sein. Lehnen Sie Aufgaben und Aufträge ab, die nicht mit Ihrer Position übereinstimmen. Zum einen machen Sie dann Ihre Sekretärin nicht arbeitslos, und zum anderen zeigen Sie, dass Sie die Kunst des Delegierens beherrschen.

In einer Leitungsfunktion geht es nicht in erster Linie darum, bei den fachlichen Fähigkeiten draufzusatteln, sondern das Repertoire an Soft Skills zu erweitern: Je höher die Führungsebene, desto höher der Anteil am Kommunizieren, Koordinieren, Präsentieren, Informieren, Kontaktpflegen, Motivieren, Verhandeln, Entscheiden. Dabei begegnen wir vielen Menschen, die sich ein Bild von uns machen. Wie dieses aussieht, sollten Sie nicht dem Zufall überlassen.

Das Bild der bescheidenen Frau

Bei der aktiven Selbstpräsentation scheinen Frauen noch Nachholbedarf zu haben. Das zeigen sowohl Studien als auch Praxisbeispiele immer wieder. Dass diese Zurückhaltung zu Fehleinschätzungen bei den Kompetenzen von Frauen führen kann und diese damit Chancen verspielen, leuchtet ein. Hier einige Ergebnisse:

- Nach einer Umfrage unter den 20 größten Personalberatungen Deutschlands gaben 70 Prozent der befragten Headhunter an, dass weibliche Führungskräfte selbstbewusster auftreten müssten. (Capital, 2004)

- Immer wieder werden auch der fehlende Mut zum Risiko und die oftmals schlechte Selbstdarstellung der

Frauen angeführt. (Studie des Steinbeis-Transferzentrums *Unternehmen & Führungskräfte*, 2006)

- Schlechteres Selbstmarketing von Frauen trifft für 36 Prozent der befragten Managerinnen voll zu. Jede Zweite (52 Prozent) ist überzeugt, dass dies zumindest teilweise der Fall ist. (Schneider, Barbara: *Weibliche Führungskräfte – die Ausnahme im Management*, 2007)

Dazu etwas aus der Praxis: Beim *Career Forum 2007*, für das rund 250 Frauen in Führungspositionen nach Frankfurt geladen worden waren, empörte sich eine Workshop-Teilnehmerin, eine Referentin habe doch glatt am Ende ihr Buch verkaufen wollen. Donnerwetter! Ja, wieso nicht?

Die meisten Referentinnen und Referenten führen solche Veranstaltungen in der Regel honorarfrei oder gegen ein geringes Honorar durch. Da wird von Seiten des Veranstalters gern mit einem interessanten Publikum, Ausbau des Bekanntheitsgrades und gegebenenfalls Zusatzumsätzen durch Verkauf von Büchern argumentiert. Synergieeffekte sozusagen. Da ich sowohl auf Veranstaltungen als Referentin auftrete als auch Referenten für meine Veranstaltungen verpflichte, kenne ich beide Seiten und weiß, wovon ich rede. Und was soll ich Ihnen sagen: Die Männer fragen nicht einmal, ob sie ihr Buch mitbringen und vor Ort anbieten können. Das machen sie ganz selbstverständlich und offensiv. Während die Frauen vorsichtig anfragen und oftmals mich bitten, im Abspann auf ihr neuestes Buch hinzuweisen, damit es nicht so platt wirkt. Ich finde daran nichts platt oder peinlich. Wenn ein Referent oder eine Referentin sich beim Impulsvortrag oder im Workshop gut verkauft, dann geht hinterher auch das Buch wie geschnitten Brot. Und bei mir hat sich noch niemand über dieses Zusatzangebot beschwert. Wieso auch? Ein eigenes Buch, das die Referentin als Expertin in diesem Thema ausweist, ist doch ein Mehrwert für alle Beteiligten.

Wer sich exponiert, kann angegriffen werden, aber das gehört dazu. No risk, no fun. Meine Vermutung ist, dass die Äußerung dieser Teilnehmerin eher die eigene Scheu vor der Selbstpräsentation widerspiegelt.

Wenn zwei dasselbe tun …
Interessant wäre natürlich zu wissen, ob die Reaktion dieser Frau bei einem männlichen Referenten genauso ausgefallen wäre. Denn gerade im Berufsleben gilt oft-

mals noch der Satz: Wenn zwei das Gleiche tun, ist das noch lange nicht dasselbe. Auch wenn er nur gedanklich fällt. Wenn ein Mann mit 30 oder 35 heiratet, gibt es ihm Stabilität. Heiratet eine Frau in diesem Alter, bekommt sie das Etikett »Hausfrau und Mutter in spe« aufgedrückt. Damit wird ein baldiges Ausscheiden verbunden, und Entscheidungen über Investitionen in die Zukunft der Frau werden mit der Frage »Lohnt sich das überhaupt noch?« hinausgezögert oder gleich ganz verhindert. Die Parole »Nur ein verheirateter Mann ist ein erfolgreicher Mann« hat im Denken vieler Personalentscheider noch nicht ausgedient. Eine Frau hingegen heiratet ihrer Meinung nach, um bald nicht mehr arbeiten zu müssen.

Das mag altmodisch daherkommen, aber es gibt dazu auch neuere Theorien: Beziehungen zu knüpfen und zu pflegen gehört auch für den Psychologen John M. Gottman[21] zu den wichtigsten Managementfähigkeiten. Er ist Direktor des Relationship Research Institute – kurz: Love Lab. Seine Forschungen belegen: Wie jemand am Arbeitsplatz seine Kontakte gestaltet, hängt eng damit zusammen, wie jemand seine privaten Beziehungen und vor allem seine engste – die Ehe – führt. Und was passiert mit dieser Erfolgsregel, wenn die Ehe scheitert? Dann müsste doch die Frage erlaubt sein, wie, bitteschön, es mit den Führungsfähigkeiten steht? Herr Obermann sollte sich vielleicht schon mal umhören. Ging es nach der Scheidung bei Herrn Schrempp und seiner Welt-AG nicht auch steil bergab?

An Frauen wird immer noch eine andere Messlatte gelegt. Und das nicht nur von Männern. Auch Frauen haben andere Ansprüche an Frauen als an Männer und stehen ihren Kolleginnen und Chefinnen nicht unbedingt immer dasselbe zu wie den männlichen Kollegen und Vorgesetzten. Frauen, die ihre Erfolge offensiv in die Öffentlichkeit tragen, müssen vom Gegenüber erst einmal ausgehalten werden.

Positives Selbstmarketing statt übersteigerter Selbstkritik

Beim Selbstmarketing geht es nicht um künstliches Sich-Verstellen, sondern um bewusstes Betonen der eigenen Stärken, Leistungen und Ergebnisse. Darum, sie hörbar und sichtbar zu machen. Die Werbetrommel in eigener Sache zu rühren heißt weder, dass Sie sich übertrieben in Szene setzen oder nach oben taktieren sollen, noch, dass Sie Ihren Kollegen oder Mitarbeitern ständig verdeutlichen müssen, dass Sie ihnen zwei Schritte voraus sind. Im Gegenteil: Gute Leute, die wissen, was sie können und wollen, haben es nicht nötig, andere herabzusetzen oder bloßzustellen.

Männer sind Meister darin, aus weniger mehr zu machen

Und auch das sei betont: Selbstmarketing ist keine Aufforderung zu männlichem Verhalten. Es geht nicht darum, Männer zu imitieren. Nach männlichen Methoden zu greifen bedeutet aus meiner Sicht noch lange nicht den viel beschworenen Verlust der Weiblichkeit. Männer sind Meister darin, aus weniger mehr zu machen. Wieso also nicht über den Tellerrand hinaus in andere Versuchsküchen gucken? Dort wird auch nur mit Wasser gekocht, aber wie Jungs dieses Wasser verkaufen, sollte man sich ruhig ansehen. Gegen Benchmarking spricht nichts. Vergleichen Sie sich mit Ihren Konkurrenten, das tun Unternehmen ständig. Sie schauen, womit die besten Wettbewerber erfolgreich sind, und adaptieren Prozesse oder Produkte. Die Zauberformel heißt: eine bewusste Wahl treffen. Nicht alles lässt sich übertragen oder passt zu mir. Die Kunst ist, sich für das richtige Mittel im gut gefüllten Methodenkoffer zu entscheiden. Auf die Dosis kommt es an!

Eine gesunde Selbstkritik hat nichts mit ständigen Selbstzweifeln zu tun. Offen für Kritik zu bleiben, sich als Führungskraft ab und zu selbst in Frage zu stellen ist gut und gesund. Ständig an sich selbst zu zweifeln nicht. Wieso neigen Frauen zu Selbstkritik? Mit Größe 38/40 zu dick? Machen Frauen sich wirklich mehr Sorgen um ihr Gewicht als um ihr Gehalt? Liegt es an den Genen oder an der Erziehung? Sozialpsychologen, Neuropsychologen, Frauenzeitschriften und viele andere sind dieser Frage nachgegangen. Mit den unterschiedlichsten Ergebnissen, die wir alle so oder so schon kennen: Perfektionszwang, Versagensangst, Erfolgsangst, Harmoniesucht. Sonst noch Sorgen?

> *Das sagen Frauen:*
> »Diese gescheiten, begabten und ehrgeizigen Frauen verletzten eine der Grundregeln des Erfolgs: Betone das Positive, streiche das Negative. Es ist doch kaum vorstellbar, dass etwa der (männliche) Vorstand eines Topunternehmens Rekordgewinne herunterspielen oder in ungünstigem Licht erscheinen lassen würde.«
> SUSAN SCHENKEL: *Mut zum Erfolg*

Niemand – weder ein Mann noch eine Frau – kann eine Aufgabe allwissend antreten, aber Männer mimen besser, tun so, als ob sie Mr. Right für den Job sind. Das meiste ist »learning on the job«. Und wenn man Neuland betritt, kann man scheitern, aber auch viel gewinnen.

Ein Phänomen habe ich übrigens in meinem beruflichen und privaten Umfeld und bei mir selbst immer wieder beobachtet: Männer bekommen Vorschusslorbeeren, Frauen nicht. Was bei Männern vorausgesetzt wird, wird bei Frauen kritisch hinterfragt: Kann die das? Frauen wissen, dass sie unter ständiger Beobachtung stehen. Erst recht, wenn sie ins Allerheiligste vordringen und an Strukturen rütteln, die Männer begünstigen, was auch manchen Frauen ein Dorn im Auge ist. Aus meiner Erfahrung durchaus eine plausible Erklärung, wieso Frauen auch strenger bei sich selbst hinschauen: Sie sind den kritischen Blick von beiden Geschlechtern gewohnt. Denn sie spüren die Haltung der anderen, merken, wie sie von Männern und Frauen beäugt werden und wie mit zweierlei Maß gemessen wird.

Frauen fangen jedes Mal wieder unten an

Frauen fangen unten an, müssen jedes Mal wieder ihre Kompetenz und ihr Können unter Beweis stellen, während Männer gleich auf ein Podest gestellt werden, das nicht selten nach einiger Zeit ins Wanken gerät. Und wie

> **Praxistipp: Was Frauen erfolgreich macht**
>
> **DR. CHRISTINE STIMPEL,**
> Deutschland-Chefin Heidrick & Struggles:
>
> *»Frauen sind so gut und erfolgreich im Management wie Männer. Nur eines können sie nicht: sich selbst promoten. Frauen warten, bis andere gut über sie sprechen. Viele warten mit dieser falschen Bescheidenheit zu lange. Mehr Selbstbewusstsein bei der Darstellung der eigenen Leistung, ohne natürlich zu überziehen, hilft bei der Karriere durchaus.«*

Jungs Flops verkaufen, hat Sie sicherlich auch schon in Staunen versetzt. Über eigene Fehler wird da lax hinweggewischt, stattdessen werden die Umstände bemüht. Umgekehrt führt die ausgiebige Fehlersuche von Frauen bei sich selbst dazu, dass Frauen stärker abwägen und sich absichern, bevor sie neue Aufgaben anpacken.

Entscheiden statt Bescheiden

Bescheidenheit ist im Business fehl am Platz. Immer wieder erlebe ich hervorragende Fachfrauen, die in der

Bescheidenheitsfalle festsitzen, die vergessen, an der richtigen Stelle darüber zu berichten, was sie können und was sie wollen. Die typisch weibliche Zurückhaltung mag höflich sein, bei der Entscheidung um eine Leitungsfunktion ist sie eher hinderlich. Weibliche Bescheidenheit ist gefährlich, denn sie verhindert den Glücksgriff nach mehr Verantwortung, dem interessanten Projekt, dem Auslandsaufenthalt. Es ist jammerschade, wenn gute Gelegenheiten so verschenkt werden. Die Devise heißt deshalb: Statt kneifen mutig zugreifen: Ja, ich kann das!

Das Ende der Bescheidenheit
Wenn Frauen in diesem Haifischbecken überleben wollen, müssen sie rauskommen aus der Bescheidenheitsfalle und klar ihre Karrierevorstellungen kommunizieren: eine Leitungsfunktion und nichts anderes. Nur wer seine Karriereziele kennt und sich für sie entscheidet, kann dafür jeden Tag einstehen. Dazu gehört auch, sich nicht von Kritik – fremder oder eigener, berechtigt oder nicht – ins Bockshorn jagen zu lassen. Entscheiden Sie sich, den Teufelskreis der Kritik zu durchbrechen, und machen Sie den Weg frei für künftige Karriereerfolge. Keine Selbstzweifel. Keine Bescheidenheit. Keine Kompromisse.

Wer sich keine Hoffnungen macht, kann auch nicht enttäuscht werden. Wenn dieser Satz zu Ihrem Gedankenrepertoire gehört, dann streichen Sie ihn. Leichter gesagt als getan? Wohl wahr. Hinderliche, oftmals unbewusste Glaubenssätze sind das tägliche Brot im Coaching. Ihnen auf die Spur zu kommen, sie zu identifizieren, zu relativieren und zu eliminieren lohnt sich allemal. Egal wie – mit sich selbst, der Freundin, dem Partner, dem Coach.

3. Zehn Schritte für ein professionelles Selbstmarketing

Bei Selbstmarketing oder Selbstvermarktung winken die meisten Frauen ab: Das ist doch höchstens etwas für Stars. Da fallen uns Madonna, Verona Pooth (früher Feldbusch) oder – den Jüngeren unter uns – Paris Hilton ein. Egal, was wir von ihnen halten, sie haben es geschafft, ihren Namen zur Marke zu machen und damit ein Vermögen.

Als Führungskraft stehen Sie automatisch im Rampenlicht
Keine Sorge, Sie müssen sich nicht wie die Stars zur Schau stellen. Auffallen um jeden Preis ist nicht die Devise. Aber ohne sehen und gesehen werden geht es im Karrierezirkus eben auch nicht. Als Führungskraft stehen Sie immer im Blickfeld anderer – von Mitarbeitern, Vorgesetzten, Kollegen, Kunden und anderen Partnern –, sind exponiert. Deshalb lohnt es sich, früh darüber Klarheit zu gewinnen, ob Sie im Hintergrund bleiben oder an der Spitze eines Teams, eines Bereichs, eines Unternehmens stehen wollen.

Oftmals herrscht beim Thema Selbstmarketing noch die Sicht vor, man müsse zur »Rampensau« geboren sein. Nicht nötig. Auch wenn es nicht Ihrem Talent entspricht, im Mittelpunkt zu stehen, können Sie sich zu Ihrer eigenen Pressesprecherin entwickeln. Natürlich geht das nicht über Nacht. Sich einen guten Namen zu machen, zur anerkannten Expertin zu werden, das dauert. Eben schnell Selbstmarketing zu machen funktioniert nicht.

Eine Geschichte zum Einstieg: Kürzlich besuchte ich eine Veranstaltung zum Thema »Schlägt die Management-Diagnostik das Bauchgefühl?«. Die drei Vorträge des Abends wurden – auch das gibt es immer noch in der heutigen Zeit – allesamt von Männern gehalten. Sie können sich das Ergebnis der Diskussion schon denken. Ein klarer Punktsieg für die Diagnostik. Aber eigentlich auch vorteilhaft für Frauen, dachte ich, wenn die übliche Postenschieberei nicht per Kronprinzen-Prinzip erfolgt, sondern durch objektivere Qualifikationschecks. Weit gefehlt!

Die drei Experten waren einhellig der Meinung, dass das so gut wie keine Auswirkung auf den Anteil von Frauen im Management hätte. Denn:

Objektive Methoden hin, subjektive Entscheidungen her, es gäbe kaum Frauen, so ihr Argument, die diese Topjobs überhaupt übernehmen wollten. Wo jeder halbwegs clevere Mann sagt, »mach ich«, scheuten Frauen das Risiko und die Verantwortung, so einer der drei Personalberater, begleitet vom heftigen Nicken seiner Kollegen.

Eine nette Geschichte über drei Machomänner, die sowieso vom Aussterben bedroht sind? Nein. Wieso erzähle ich sie dann? Weil sie deutlich macht, weshalb effektive Eigenwerbung für Frauen so wichtig ist. Wenn Sie Männern – diese drei sind leider keine Ausnahme – nicht klipp und klar Ihr Angebot präsentieren und eindeutig signalisieren, dass Sie den Job wollen, nehmen sie Sie gar nicht erst wahr. Frauen müssen geschickt Eigen-PR betreiben: nicht nur gegen die männliche Konkurrenz, die ihre Federn spreizt, sondern auch gegen zum Teil obskure Vorurteile, die sich hartnäckig halten.

Noch ein Beispiel: Vorstellungsrunde im Seminar. Vorstellungsrunden bieten im Übrigen wunderbare Chancen, sich selbst zu präsentieren, die man nicht vertun sollte. Dazu an anderer Stelle mehr.

Eine Teilnehmerin:
»Sprachen sind meine Leidenschaft. Ich spreche fünf Sprachen: Englisch, Italienisch, Französisch, Spanisch, Russisch.«
Ein Raunen geht durch den Raum.
Daraufhin die Teilnehmerin:
»Aber nicht perfekt.«
Nein, natürlich nicht.
Das schafft nur eine Frau. Nicht erfunden, ich schwöre es!

Sich gut präsentieren heißt ja nicht dick auftragen und sich selbst in höchsten Tönen loben, sondern klar und kompetent auftreten und die eigenen Ideen, das eigene Spezialthema gezielt platzieren. Übrigens: In den Achtzigern haben wir kurzzeitig versucht, die Sache mit Schulterpolstern anzugehen. Sah ziemlich scheußlich aus. Und war ziemlich schnell wieder aus der Mode.

»Mein Chef hat nicht die leiseste Ahnung von meinen Fähigkeiten«

In meiner Beratungspraxis raufen sich immer wieder Frauen die Haare mit dem Satz: »Mein Chef hat nicht die leiseste Ahnung von meinen Fähigkeiten.« Eine Zeit lang auch mein Lieblingssatz. Bis eines Abends mein

Liebster unter meinem Gejammer aufstöhnte: »Mensch, Barbara, dann tu doch endlich was dagegen!« Die Antwort traf mich wie ein Blitz. Sie tat verdammt weh und war doch heilsam.

Dieser drastische Fall passiert Frauen leider auch nicht selten: »Eigentlich habe ich immer meinen Chef gemanagt und ihm seinen Hintern gerettet«, wie es eine Klientin formulierte. »Und jetzt lässt er mich eiskalt fallen.« Sorgen Sie vor, und sorgen Sie für sich, damit Ihnen das möglichst nicht widerfährt. Mit gutem Selbstmarketing und geschickter Vernetzung.

Während ich das schreibe, fällt mir der alte Spruch »*Leiden ist leichter als Handeln*« ein, der Sigmund Freud zugesprochen wird. Wenn wir meinen, unser berufliches Umfeld kenne unsere Kenntnisse und Kompetenzen (noch) nicht, dann können nur wir das ändern. Wir und sonst niemand. Keiner im Unternehmen hat eine Holschuld, sich darüber zu informieren, was Sie ausmacht, was Sie besonders gut können. Kein Chef. Kein Vorstand. Kein Personalvertreter. Sie haben eine Bringschuld. Zeigen Sie den Leuten, wie sie von Ihrer Arbeit profitieren. Letztlich trägt jeder auch Personalverantwortung für sich selbst.

Das sagen Männer:
»Wer darauf wartet, von seiner Führungskraft
›entwickelt‹ zu werden, kann unter Umständen
sehr lange warten.«
REINHARD K. SPRENGER: *Mythos Motivation*

Das soll natürlich nicht heißen, dass Sie, wenn Sie Führungskraft sind, sich nicht für Ihre Mitarbeiter und Mitarbeiterinnen interessieren und ihre Fähigkeiten nicht wertschätzen sollen, Gott bewahre. Genau hier liegt ja der Unterschied zwischen wirklichen Führungskräften und einfachen Vorgesetzten, dass Erstere wissen, wie wichtig Wertschätzung für die Wertschöpfung ist. Ihre Mitarbeiter haben ein Recht darauf, dass Sie ihre Kenntnisse und Kompetenzen erkennen und anerkennen. Und Ihre Leute wären schlecht beraten, wenn sie ihre Schlüsselkompetenzen nicht noch an anderen Stellen im Unternehmen bekannt machten. Das Gleiche gilt für Sie, wenn nur Ihr Chef von Ihrem Können und Wirken wüsste.

Der Schlüsselsatz meines Liebsten hatte noch eine weitere positive Wirkung: Nachdem ich mich eingehend mit dem Thema Selbstmarketing beschäftigt und es sozusagen »on the job« erprobt hatte, sind daraus die »Zehn Schritte zum strategischen Selbstmarketing« entstanden, die ich heute in Coachings und Vorträgen weitergebe. Diese Schritte sind allerdings kein 10-Punkte-Programm, das man eben schnell abhakt, sondern eines, das eine Karriere kontinuierlich begleitet.

Von nichts kommt nichts

Bevor es losgeht, noch eine Warnung: Selbstmarketing funktioniert leider nicht von selbst. »Ich will mein Marketing verbessern«, ist eine gute Absicht. Sie reicht aber nicht. Wenn Sie fünf Kilo loswerden wollen, geht das auch nicht ohne Diätplan: zwei Stückchen Schokolade statt einer Tafel, dreimal die Woche Sport statt Essengehen, Mineralwasser statt Mitternachtssnack, viel Obst, wenig Wurst und so weiter. Wir kennen die Tortur – alle Jahre wieder. Manchmal schaffen wir es, manchmal werden wir schwach. Und wenn wir den berühmten Jojo-Effekt vermeiden wollen, ist langfristig eine Ernährungsumstellung fällig.

Ohne Konsequenz wird aus guten Vorsätzen nichts
Die sensationelle Crash-Diät aus Hollywood, die fünf Kilogramm weniger in fünf Tagen verspricht, funktioniert genauso wenig wie Selbstmarketing im Schnell-

durchgang. Ohne Konsequenz wird aus guten Vorsätzen nichts. »Karriereturbo Selbstmarketing« taugt als Schlagzeile, aber nicht als Strategie. Eine beständige Arbeit am eigenen Image ist ebenso notwendig wie ein Bewusstsein dafür, dass Selbstmarketing immer und überall stattfindet: bei jeder Besprechung, jedem Kundenkontakt, jedem Geschäftsessen, aber auch bei jedem Telefongespräch und in jeder E-Mail.

Und Selbstmarketing ist für Angestellte genauso wichtig wie für Selbstständige und Freiberufler. Immer wieder erlebe ich Unternehmensfrauen, die meinen, Selbstmarketing sei nur etwas für Selbstständige. Ein Irrtum. Sich in der eigenen Firma, in der Branche, bei Kunden und Geschäftspartnern bekannt zu machen ist ein entscheidender Erfolgsfaktor. Und umso wichtiger, je größer das Unternehmen ist, da mit der Größe der Organisation zwangsläufig auch die Vielfalt von Netzwerken, Allianzen und Interessenkoalitionen zunimmt.

Selbstmarketing ist ein Prozess
Selbstmarketing ist kein einmaliger Effekt, sondern ein laufender Prozess, in dem eine Menge Arbeit steckt. Und nicht jede Aktion wird zum gewünschten Erfolg führen. Wir müssen gezielt nachsteuern und es wieder

versuchen. Wenn eine Taktik nicht funktioniert, dann eben eine andere. Auf dem Weg zum Wunschgewicht können Sie eine Ernährungsberaterin und einen Personal Trainer engagieren, die Sie begleiten; einhalten und ausführen müssen Sie Ihren Plan selbst. Das verlangt Disziplin und konsequenten Einsatz. Genauso funktioniert es, wenn Sie sich darin trainieren wollen, sich selbst besser zu verkaufen: Holen Sie sich Tipps von einem darauf spezialisierten Coach, aber erwarten Sie nicht, dass sich dadurch über Nacht etwas verbessert. Coaching ist kein Wundermittel, das man schluckt, und danach geht man reich und berühmt durchs Leben. Ihr Weg kann

> **Praxistipp: Was Frauen erfolgreich macht**
>
> **SUSANNE KLÖSS,**
> Managing Director Capital Markets, Accenture:
>
> »*Tragen Sie Schuhe, die eine Nummer zu groß sind: Seien Sie selbstbewusst, und trauen Sie sich an große Aufgaben heran. Kommunizieren Sie immer klar, wo Sie hinwollen und was Ihre Ziele sind. Werfen Sie Ihre Fähigkeiten und Kompetenzen in die Waagschale, und kommunizieren Sie deutlich Ihre Erfolge. Haben Sie keine Scheu, sich entsprechend zu positionieren. Entdecken Sie Ihre Lust an Führungspositionen!*«

von Beratern unterstützt werden, gehen müssen Sie ihn selbst. Besser und bekannter werden wir nur, wenn wir selbst immer wieder etwas dafür tun. Sich einen guten Namen zu machen, das braucht Zeit und kostet Zeit. Ohne Zeit geht es nicht, ohne Ziele auch nicht.

Schritt 1:
Selbstmarketing beginnt bei sich selbst

Für Selbstmarketing brauchen Sie keinen Schauspielunterricht, sondern eine klare Vorstellung von dem, was Sie können und wollen. Dreh- und Angelpunkt Ihres Selbstmarketings ist Klärung und Kenntnis der eigenen Kompetenzen und Ziele. Sie müssen wissen, was Ihnen liegt und wohin Sie möchten. Erst dann können Sie sich, Ihre eigenen Ziele und Qualitäten kommunizieren. Bevor Sie eine Selbstmarketingstrategie verfolgen können, müssen Sie also zunächst eine entwickeln. Und das setzt voraus, dass Sie wissen, was Sie vermarkten möchten.

Für ein zukünftiges Ziel in der Gegenwart handeln
Früher dachte ich: Einige wenige von uns haben das große Berufsglück, ungefähr seit dem fünften Lebens-

jahr zu wissen, dass sie Opernsängerin, Fußballerin oder Bundeskanzlerin werden wollen. Und das dann auch werden. Und du? Heute weiß ich, dass es ein ebenso großes Glück ist, weitgefächerte Interessen zu haben und vieles zu können. Die Krux dabei ist nur, herauszudestillieren, was man von dem, was man kann, auch will. Eine lange Liste von Fähigkeiten, Neigungen und beruflichen Optionen ist besser als keine. Nebenbei bemerkt, ist es kein Zeichen von Entscheidungsschwäche, damit anzufangen, was man nicht will. Ich wusste immer ganz genau, was ich nicht wollte. Das Ausschlussprinzip hilft nicht nur bei *Wer wird Millionär* weiter.

Was kann ich? Was will ich?

Achtung: Sich selbst zu befragen bedeutet nicht, sich ständig zu hinterfragen. Das tun wir Frauen ohnehin viel zu oft und meistens ohne Grund. Vielmehr ist entscheidend, eine klare Linie für sich zu skizzieren. Diese Selbstbefragung lässt sich allein machen oder mit einem Sparringspartner. Familienmitglieder, Freunde oder Kollegen leisten meistens gute Dienste, wenn es darum geht, den eigenen Stärken auf die Spur zu kommen, und man hat noch einen Abgleich zwischen Selbst- und Fremdbild. Sie sind allerdings weniger geeignet, wenn es sich um Zukunftspläne handelt, da nicht auszuschließen ist, dass sie befangen sind, vor allem, wenn sie von Ihren Plänen selbst betroffen sind. Das Jobangebot für Singapur nur mit der besten Freundin zu durchdenken fällt höchstwahrscheinlich sehr einseitig aus.

Gedanken zu Papier bringen
Bewusstes Denken lässt sich durch Aufschreiben fördern. Und dabei ist es egal und reine Geschmackssache, ob Sie sich ein schönes Notizbuch zulegen und mit der Hand schreiben oder Ihre Gedanken ins Notebook hämmern. Aufschreiben, festhalten schafft Verbindlichkeit und fördert das Erreichen von Zielen – wie Studien ergeben haben. Nehmen Sie sich die Muße, sich intensiv mit Ihren Wünschen, Zielen, Bedürfnissen auseinanderzusetzen. Die Thematik nur anzudenken reicht nicht, Sie müssen sie durchdenken.

Ich predige hier kein positives Denken, das Ihnen »Tschakka!« rufend und über heiße Kohlen laufend Glück und Erfolg verspricht. Dieser fragwürdige Psychotipp hat sich längst totgelaufen. Aber kein Wissenschafter stellt eine Wechselwirkung zwischen Denken und Handeln in Frage und dass eine positive und optimistische Einstellung durchaus wünschenswert ist für ein glückliches und erfolgreiches Leben. Die Kraft der Gedanken spielt dabei durchaus eine Rolle. Man darf es nur nicht beim Denken belassen, man muss handeln. Wer sich permanent einredet, »ich schaffe das nicht«, bestätigt sich leider genauso selbst wie jemand, der guten Mutes die Dinge in die Hand nimmt. Oftmals schon dadurch, dass Ersterer es gar nicht erst versucht.

Bisweilen bewusst anhalten und einhalten
In der Welt des ständigen Wandels heißt es gern: Stillstand ist Rückschritt. Ein fragwürdiges Motto, gegen das wir ab und zu gezielt ansteuern sollten. Wir alle brauchen Phasen des Innehaltens und Zeiten bewusster Selbsterforschung. Einigen der Fragen von oben werden wir uns immer wieder widmen und die Gedanken dazu neu ordnen. Machen Sie doch ein Ritual daraus. Anfangs zum Beispiel als wöchentliche Übung: »Meine Stille Stunde« oder »Immer wieder sonntags«. Später reichen größere Abstände – zum Geburtstag, zum Jahreswechsel oder entspannt am Strand in den Sommerferien. Die Auseinandersetzung mit sich und den eigenen Zielen lässt sich nicht delegieren. Sonst passiert es schnell, dass wir in Berufslaufbahnen oder Beziehungen

hineinrutschen, die eigentlich nicht zu uns passen. Die Selbstverpflichtung ist das Entscheidende, um wirklich in Gang zu kommen.

Erkenne dich selbst!

Dieser Ausspruch, der einst die berühmte Pilger- und Weissagungsstätte Orakel von Delphi zierte, gilt als Ursprung philosophischen Denkens. Was gemeint ist: »Erkenne deine wahre Natur, und handle dementsprechend.« Oder auch »Werde, der du bist.«

Zwar handelt es sich im Kern um eine von jedem selbst zu beantwortende Aufgabenstellung, was jedoch nicht ausschließt, sich auf dem Weg dorthin professionelle Unterstützung zu holen, sei es durch Bücher, Seminare, Coachings, Feedback. Natürlich kann man auch schon im Internet eine Ich-Analyse durchführen – direkt, real und kostenlos, wie es dort heißt. Getestet habe ich dieses Tool nicht und habe es auch nicht vor. Apropos Test: Es gibt natürlich eine Reihe seriöser Typen- und Potenzialtests, die von Unternehmen oder Personalberatungen eingesetzt werden. Anerkannt und weit verbreitet sind der *Myers-Briggs-Typenindikator (MBTI)*,

Schritt 1: Selbstmarketing beginnt bei sich selbst

das *Bochumer Inventar zur berufsbezogenen Persönlichkeitsbeschreibung (BIP)*, das *Herrmann-Dominanz-Instrument (HDI)*, das *Team Management Systems (TMS)* und viele mehr.

Es gibt keinen schnellen Weg, aber sich selbst auf die Spur zu kommen und Einsicht in das eigene Können und Wollen zu gewinnen lohnt sich auf jeden Fall. Denn erst, wenn ich ein Bild von mir habe, kann ich es auch anderen zeigen. Zu wissen, wie man selbst tickt, ist der erste Schritt, mit dem Sie sich für eine sicherere Selbstpräsentation aktivieren. Je klarer die Ziele, umso klarer werden auch Worte, Stimme, Körpersprache. Wir bekommen eine stärkere Ausstrahlung und werden intensiver wahrgenommen. Und wir schaffen uns hiermit die Grundlage für Gelassenheit. Davon wünschen sich die meisten ja mehr.

Ein klares Bild von sich selbst, von den eigenen Zielen und Bedürfnissen, ist die Basis dafür. Dieses Bild können Sie auch als Vision bezeichnen. Um eine Vision umzusetzen, benötigen Sie Zeit und eine Strategie für den Weg dorthin. Sie brauchen Umsetzungskonzepte und Maßnahmenprogramme, Entschlossenheit, jedoch auch Offenheit für Erweiterungen und Änderungen. Aber es lohnt sich. Haben Sie viel Spaß und auch viel Geduld, Ihr Bild von sich und Ihrer Zukunft zu entwerfen.

Innere Arbeit und äußere Aktivität

Ohne Selbsterforschung geht es nicht. Dafür finden Sie hier eine Reihe von Fragen, die einen Ausschnitt aus dem darstellen, was uns im Laufe des Lebens früher oder später beschäftigt. Und das nicht nur einmal im Leben. Ziele und Prioritäten ändern sich im Zeitablauf, und deshalb ist es gut und wichtig, sich auch zwischendurch Fragen nach den persönlichen Lebensvorstellungen zu stellen. Dazu gehört auch, frühere Entscheidungen hin und wieder zu überprüfen. Eine einmal eingeschlagene Richtung können wir ändern, wenn wir wollen, statt halbherzig weiterzumachen.

Auf die folgenden Fragen gibt es keine richtigen oder falschen Antworten. Sie geben uns aber einen Hinweis darauf, ob wir in die richtige oder falsche Arbeit investieren, für das richtige oder falsche Unternehmen arbeiten, über- oder unterfordert sind, auf Kurs sind oder von ihm abgekommen sind. Sie sind der Schlüssel zu Ihren Antworten.

Schritt 1: Selbstmarketing beginnt bei sich selbst

Klärungsfragen

Was kann ich richtig gut? Welche Talente und Fähigkeiten habe ich? Wo war ich erfolgreich?

_____

_____

_____

Was liegt mir? Was tue ich wirklich gern? Welche Dinge interessieren mich brennend?

_____

_____

_____

Wofür stehe ich oder will ich stehen? Was ist mein Spezialgebiet, beziehungsweise was baue ich zu meinem Spezialgebiet auf?

_____

_____

_____

_____

Zehn Schritte für ein professionelles Selbstmarketing

Was habe ich zu bieten? Wofür lohnt es sich, mich einzustellen oder mich zu engagieren?

_____

_____

_____

_____

Was treibt mich?

_____

_____

_____

_____

Was prägt mich?

_____

_____

_____

_____

Schritt 1: Selbstmarketing beginnt bei sich selbst

Was beeinflusst mich? Wer beeinflusst mich?

_____

_____

_____

_____

Woran glaube ich? Was sind meine Werte?

_____

_____

_____

_____

Was ist mir wichtig? Wer ist mir wichtig?

_____

_____

_____

_____

Was will ich? Was ist gut für mich? Welche Vorstellungen habe ich von meinem Berufs- und Privatleben? Was ist für mich Lebensqualität – materiell und idell?

_____

_____

_____

_____

Entwerfen Sie Ihre Zukunft! Wo will ich hin?
Was soll noch vorkommen in meinem Leben?

_____

_____

_____

_____

Was will ich in zehn Jahren erreicht haben? Wo möchte ich in drei bis fünf Jahren stehen? Wie viel Geld möchte ich dann verdienen?

_____

_____

_____

_____

Schritt 1: Selbstmarketing beginnt bei sich selbst

Wie komme ich dorthin? Was muss ich tun, um meine Ziele zu erreichen? Heute in drei Jahren ist gar nicht so weit weg. Was muss ich dafür im nächsten Jahr tun? Welche Schritte sind notwendig, um das Ziel beziehungsweise einzelne Etappenziele zu erreichen?

_____

_____

_____

Womit kollidiert das Ziel? Was muss ich dafür gegebenenfalls ändern oder eventuell aufgeben? Wo muss ich Abstriche machen? Ist es mir das wert? Bin ich bereit, den »Preis« dafür zu zahlen?

_____

_____

_____

Passt das Unternehmen/meine Tätigkeit zu meinen Zielen und Werten? Bin ich noch am richtigen Platz? Gehe ich morgens gern zur Arbeit?

_____

_____

_____

> **Praxistipp: Was Frauen erfolgreich macht**
>
> **CATRIN HINKEL,**
> Executive Partner Communication & High Tech ASG,
> Accenture GmbH:
>
> »Jeder muss sich ein klares und persönliches Bild erarbeiten über seine Werte und Prioritäten im Spannungsfeld Karriereerfolg, Privatleben, persönliche Bedürfnisse. Zu oft hören Frauen auf ihr Umfeld und lassen andere entscheiden, sowohl im Unternehmen als auch im Privatleben. Klare Entscheidungen treffen mit dem Bewusstsein über Kontext und Konsequenzen und das Umfeld über die eigenen Ziele aufklären – das sind wichtige Grundlagen zum Erfolg.«

Oha, nicht einfach, diese Fragen! Aber wichtig. Fehlen Ziele, hat das in der Regel eine schleichende Unzufriedenheit zur Folge, weil die Motivation fehlt, sich in eine bestimmte Richtung zu bewegen. Zudem wappnen Sie sich mit dieser Schatzsuche gegen Krisen. Die Kompetenzkrise erwischt wohl jeden einmal, vor allen Dingen Frauen und das trotz 1a-Ausbildung, Qualifikation und etlichen Erfolgen. Und nicht vergessen: eine Kopie Ihres Selbstbildes in die Schreibtischschublade zu legen oder elektronisch abzuspeichern, damit Sie es das nächste

Mal parat haben, wenn Sie zweifeln, ob Sie sich auf die frei gewordene Leitungsfunktion bewerben sollen.

Schritt 2:
Man kann nicht alles planen

Die Kernfrage »Wie komme ich nach oben?« kann nicht nach Schema F beantwortet werden. Für Frauen nicht und für Männer auch nicht. Wenngleich es immer wieder Versuche gibt, Regeln dafür aufzustellen, wie eine Karriere gelingen kann. Heutzutage müssen Männer und Frauen oftmals einen Karriereweg einschlagen, dessen Verlauf zunehmend unsicherer wird. Und natürlich gibt es immer wieder Menschen, die Erfolg haben, ohne eine der üblichen Karriereregeln befolgt zu haben.

Pläne haben einen Haken: Sie funktionieren nicht automatisch

Das heißt nicht, dass Sie keinen Plan brauchen. Aber wie oft ist es mir schon passiert, dass mein schöner Plan sich in Luft aufgelöst hat, weil ein unplanbares Ereignis meinen Weg kreuzte. Ihnen auch? Oder denken Sie an all die verfehlten Businesspläne, die längst verworfen und eingestampft wurden. Pläne haben in der Regel einen Haken: Sie funktionieren nicht automatisch. Sie geben zwar eine Richtung vor, aber der optimale Weg dorthin lässt sich nicht via Routenplaner kostenlos und komfortabel ermitteln. Auf ein interaktives Planportal, das uns optimale Zielerreichung garantiert, werden wir wohl auch im Zeitalter von Web 2.0 noch lange warten müssen. Worauf es ankommt: Sie brauchen ein Programm, mit dem Sie Ihre Ziele erreichen können.

Man kann nicht alles planen, aber vieles gestalten
Die Motivation für eine Karriere bekommt man nicht geschenkt, sondern muss sie selbst entfachen und am Brennen halten. Spätestens seit Daniel Golemans Bestseller *Emotionale Intelligenz* wissen wir, Emotionen können auch intelligent sein. Wir können sie nutzen, um uns selbst zu motivieren und in Bewegung zu setzen. Statt zu viel über den perfekten Plan nachzugrübeln, legen Sie sich einen Grundriss zurecht und fangen an, damit die Traumkarriere kein Traum bleibt. Bleiben Sie offen für Plan-Änderungen. Man kann nicht alles planen, aber vieles gestalten.

Ein Wunsch ist kein Ziel

Ein wichtiger Wegweiser für Ziele sind Wünsche und Träume. Trotzdem gibt es einen deutlichen Unterschied zwischen unserer Wunschliste und unseren Zielen. Wünsche sind vage: Es wäre schön, wenn ich eine größere Wohnung oder einen besseren Job finden würde. Aus einem Wunsch wird erst dann ein Ziel, wenn Sie ihm eine konkrete Form geben. Klare Ziele sind:

- **Realistisch:** Nichts gegen hohe Ziele, aber Sie sollten sie mit den Ihnen zur Verfügung stehenden Ressourcen auch erreichen können. Wenn Sie dazu erst den Jackpot knacken müssen, ist es mit der Realisierung nicht weit her.

- **Positiv und schriftlich formuliert:** Negative Bilder sind der Zielerreichung nicht förderlich. »Ich will nicht…« ist kein Ziel.

- **Konkret und messbar:** Legen Sie Parameter fest, mit denen Sie feststellen können, ob Sie Ihr Ziel erreicht haben. Nicht: »Ich wäre auch gern reich.« Sondern: »Bis zu meinem fünfunddreißigsten Geburtstag habe ich mir eine schicke Eigentumswohnung an der Elbe zugelegt.« Und dann listen Sie weitere Ausstattungsmerkmale auf.

- **In einer bestimmten Zeit erreichbar:** Bis wann wollen Sie das Ziel oder einzelne Zwischenschritte erreicht haben? Setzen Sie sich Fristen!

- **Persönlich erreichbar und bezahlbar:** Das heißt natürlich nicht, dass Sie auf kollegiale, freundschaftliche oder professionelle Unterstützung verzichten sollen, aber machen müssen Sie es schon selbst. Und es geht nicht nur um Ihre finanziellen Ressourcen, sondern auch um die Frage: Ist es die Sache wert?

Das sagen Männer:
»Erfolgreiche Frauen haben immer konkrete Zielvorstellungen – nicht nur für ihren beruflichen Werdegang, sondern auch für ihr Privatleben.«
LOTHAR J. SEIWERT: *Endlich Zeit für mich!*

Und noch etwas über Ziele: Ziele lenken unsere Aufmerksamkeit auf das, was wir anstreben. Ein Alltagsbeispiel, das Sie so oder ähnlich sicherlich schon erlebt haben:

Gestern Abend haben Sie beschlossen, sich und Ihren Liebsten zum Geburtstag mit einem Wochenendtrip nach Paris zu belohnen. Es dauert keine 48 Stunden, bis Ihnen »zufällig« dazu etwas in die Hände fällt oder in Ihr Blickfeld tritt. Der interessante Reisebericht mit vielen tollen Tipps stand natürlich schon vorher in der Zeitschrift, die Sie am Kiosk entdecken, aber Sie hätten ihn nicht wahrgenommen, weil er Sie nicht interessierte.

»So ein Zufall«, rufen wir dann gern aus. Stimmt nicht, es hat mit der Anziehungskraft von Zielen zu tun. Ziele binden nicht nur Energie, sie bündeln sie auch. Und das ist keine esoterische Geheimerkenntnis.

Der Weg ist das Ziel

… wie schon Konfuzius wusste. Zeitgenössischer vom amerikanischen Sänger, Schauspieler und Entertainer Harry Belafonte formuliert: »Ich habe 30 Jahre gebraucht, um über Nacht berühmt zu werden.«

Das heißt: Ein Ziel zu erreichen ist kein Ereignis, sondern ein Prozess. Zwischen Hoffen, Wünschen, Wissen und Tun liegen enorme Distanzen. Um diese zu überwinden, brauchen wir Disziplin. Die Disziplin, der Versuchung zu widerstehen, abgelenkt zu werden und sich ablenken zu lassen.

Stephen Covey, der Autor des Managementklassikers und Bestsellers *Die 7 Wege zur Effektivität,* greift Eisenhowers Unterscheidung zwischen wichtigen und dringlichen Aufgaben auf: *»First things first«,* das Wichtigste zuerst tun, ist sein Credo. Manchmal wandle ich dieses Motto scherzhaft ab. Wenn irgendwann doch die Steuererklärung fällig ist und das Finanzamt mahnt, dann wird sonntagmorgens gerufen: *»Worst things first!«*

Wieso schaffen wir es immer wieder, die wichtigen Aufgaben hintanzustellen? Ganz einfach, die dringlichen Dinge machen sich bemerkbar: klingeln, klopfen, rufen an, unterbrechen uns, setzen uns Termine, lenken uns ab. Für Wichtiges wie die eigene Standortbestimmung, die Klärung unserer Berufs- und Lebensziele, unserer Werte, die Vorbereitung auf neue Aufgaben brauchen wir Ruhe und Reflexion. Und die Disziplin, Nein zu sagen – zumindest zeitweise – zu den Dingen und Menschen, die sich permanent in unseren Alltag einschleichen und darauf drängen, erledigt oder gehört zu werden. Da schreiben wir doch noch den Bericht oder putzen das Bad, statt innezuhalten und uns in dieser Zeit mit unserer Selbstentwicklung zu beschäftigen. Kein Wunder, dass Menschen, die eine schwere Krankheit überwunden haben, im Nachhinein die »Auszeit« oftmals als Geschenk empfinden und ihr Leben überdacht haben. Wir sollten es nicht so weit kommen lassen.

Gut ist gut genug
Oder wir tappen in die Perfektionsfalle, wollen alles noch besser machen, sind nie zufrieden und stehen uns dabei selbst im Weg. Perfektion am falschen Ort kostet uns viel Zeit und Energie. Wenn Frauen einhundertprozentig ihren Job machen wollen, einhundertprozentig das Haushaltsmanagement betreiben und einhundertprozentig Familie und Partner betreuen wollen, dann haben sie ein Problem. Mit diesem Hemmschuh kann der Weg vom Start zum Ziel sehr beschwerlich werden. Wir sollten uns öfter klarmachen, dass auch wir Frauen nicht alles zur gleichen Zeit sein können.

Als gutes Gegenmittel noch etwas Formelkram. Ende des 19. Jahrhunderts entdeckte der italienische Wirtschaftswissenschaftler Vilfredo Pareto die 80/20-Regel. Die Italiener wussten offensichtlich schon immer das Dolce Vita zu genießen. Laut Pareto entfallen 80 Prozent des Geschehens auf 20 Prozent der Beteiligten. Das Prinzip wird seitdem auf verschiedenen Gebieten formuliert: In der Wirtschaft bringen 20 Prozent der Kunden, der Verkäufer oder der Produkte gewöhnlich 80 Prozent des

Umsatzes. Aufs Zeitmanagement übertragen bedeutet das, dass wir bereits mit 20 Prozent unserer Zeit, wenn wir sie strategisch richtig einsetzen, 80 Prozent der Ergebnisse erreichen können. Verweisen Sie den eigenen Perfektionismus in die Schranken. Gut ist gut genug!

Manchmal steht das Ziel im Weg

Es gibt Situationen, in denen wir vor lauter Ziel den Weg nicht mehr sehen. Dann kann es passieren, dass wir am Ziel kleben bleiben und links und rechts von uns nichts anderes mehr wahrnehmen. Zielfixiertheit macht blind. Alles hat seinen Preis, auch Ziele. Dazu weiter unten mehr.

Etwas um jeden Preis zu wollen ist kontraproduktiv. Wenn sich eine Tür partout nicht öffnen will, dann hat das möglicherweise seinen Grund, den wir in dem Moment nicht sehen können oder wollen, was sich im Nachhinein aber als Vorteil entpuppt. Damit meine ich natürlich nicht, dass Sie bei der kleinsten Schwierigkeit das Handtuch werfen und aufgeben sollten. Auf keinen Fall. Aber wie in jedem Haus gibt es auch in Firmen Nebeneingänge oder Hintertüren, an denen man rütteln kann. Und wenn das nicht hilft, gibt es auch andere Häuser, hinter deren Türen interessante Aufgaben warten und wo Sie wertvolle Erfahrungen machen können. *»Erfahrung ist das, was du bekommst, wenn du nicht bekommst, was du wolltest«*, sagt der Bestseller-Autor Randy Pausch in *Last Lecture – die Lehren meines Lebens.*

Zum Aufstieg gehören auch Absagen

Es gibt immer mehrere Wege, über die wir an unser Ziel kommen können. Überschütten Sie sich nicht mit Selbstkritik, wenn etwas nicht so läuft wie erwartet. Zwischenschritte gehören genauso zum beruflichen Vorwärtskommen wie Karrieresprünge. Da, wo die Luft dünn ist, treffen wir nicht nur auf Akzeptanz, sondern auch auf Ablehnung. Trauern Sie einer Absage nicht zu lange hinterher. Es gehört zum Aufstieg, dass wir die eine oder andere Zurückweisung in Kauf nehmen und überwinden lernen. Einen Masterplan für ihre Laufbahn habe sie nie gehabt, sagt die Journalistin und Moderatorin Anne Will.

Das sagen Frauen:
»Ich habe allerdings dann, wenn sich mir eine Chance bot, beherzt zugegriffen und mich mit vollem Engagement hineingestürzt.«
ANNE WILL, Journalistin und Fernsehmoderatorin[22]

Auch Personalvorstand Margret Suckale hält davon nichts:

»Für mich ist Spontaneität wichtig, Offenheit für spannende Aufgaben, von denen man vielleicht durch Zufall hört. Ein Restrukturierungsprojekt etwa. Deshalb taugt ein Masterplan nicht.«
MARGRET SUCKALE, Vorstand Personal DB Mobility Logistics AG[23]

Obwohl gerade Frauen davon abgeraten wird, ihren Erfolg mit Glück und Zufall zu umschreiben, scheinen diese Komponenten bei der Karriere doch eine gewisse Rolle zu spielen. Wir waren gerade »zufällig« vor Ort, als jemand für die Projektleitung gesucht wurde, oder haben gehört, dass unser Traumjob »zufällig« frei wird. Bei genauerer Betrachtung sind diese berühmten Zufälle, die einem in den Schoß fallen, aber das Ergebnis von Entschlossenheit und der Bereitschaft, diesen Kurs einzuschlagen und dafür Verantwortung zu übernehmen.

Think big!

Das gesellschaftlich geprägte und akzeptierte Bild der bescheidenen Frau können Sie getrost an den Nagel hängen. Stellen Sie sich Ihre Karriere oder Ihr Unternehmen ruhig groß vor. Und dann lassen Sie keinen Zweifel daran, dieses Ziel auch erreichen zu wollen.

Geben Sie Ihren Zielen einen Slogan, ein Motto. Die Star-Architektin Zaha Adid gilt als eine der größten Visionärinnen der Architektur und Genie der Branche. Sie ist weit und breit die einzige Frau im Kreise internationaler Architekten. Zu ihren Werken gehören Bauwerke wie das Phaeno in Wolfsburg, das neue BMW-Werk in Leipzig oder das Guggenheim-Museum in Taiwan. Ihr Motto: »*I will grasp the whole world.*« Nicht gerade bescheiden, aber bestimmt inspirierend und motivierend.

Ein anderes Motto: Sie kennen sicherlich die Kinderbücher von Erich Kästner – *Emil und die Detektive* oder *Das fliegende Klassenzimmer* –, die ihn weltberühmt gemacht haben. Wie soll er einst an seine Mutter geschrieben haben: »*Wenn ich 30 Jahre bin, will ich, dass man meinen Namen kennt. Bis 35 will ich anerkannt sein. Bis 40 sogar ein bisschen berühmt.«* Dieses Ziel hat sich für ihn mehr als erfüllt.

> **Klärungsfrage**
>
> Wovon haben Sie geträumt, als Sie in Ihrer Kindheit das Wenn-ich-groß-bin-Spiel gespielt haben?
> _____
> _____
> _____
> _____

Wir alle hatten großartige Träume, die es sich lohnt wiederzuentdecken. Träumen Sie. Jetzt!

Alles hat seinen Preis

– Das gilt auch für unsere Ziele. Es gibt im Berufsleben kein Freibier. Die Entscheidung für eine höhere Position, für mehr Verantwortung ist immer mit einem Preis verbunden. Deshalb ist es ratsam, Ziele auf den Prüfstand zu stellen, statt ihnen blind nachzujagen. Sie entscheiden, ob sich der Einsatz für Sie lohnt. Denn nur, wenn wir das Gefühl haben, wir bekommen etwas für uns Wichtiges und Befriedigendes zurück, empfinden wir den Preis, den wir bezahlen, nicht als zu hoch. Entscheidend ist, dass wir uns unsere Prioritäten klarmachen.

Manchmal muss man zurückgehen, um voranzukommen

Für unsere Ziele können wir sehr unterschiedlich »bezahlen«. Schauen Sie sich genau die Konsequenzen an, die mit Ihrem Ziel verbunden sind, machen Sie Preisvergleiche: Mehr Arbeit, weniger freie Zeit sind typische Nebenwirkungen, wenn Sie beispielsweise eine Zusatzausbildung absolvieren wollen. Dann müssen Sie wahrscheinlich eine Zeit lang ein »Doppelleben« führen – tagsüber Job und abends Schulbank. Vielleicht kommen Sie aber auch mit weniger Geld aus und diskutieren mit Ihrem Arbeitgeber eine vorübergehende Stunden- und damit Gehaltskürzung. Viele Unternehmen fördern die Eigeninitiative ihrer Leute in Sachen Weiterbildung mit Zeit oder Geld. Sie müssen sagen, was Sie wollen. Nur dann besteht die Chance, dass Sie es auch bekommen.

> **Klärungsfrage**
>
> Was sind Sie bereit, für das Erreichen Ihres Zieles in Kauf zu nehmen? Worauf müssen Sie verzichten? Wo müssen Sie gegebenenfalls Abstriche machen?
>
> _____
>
> _____
>
> _____
>
> _____

Ein typisches Beispiel, das meistens auch mit weniger Geld – zumindest vorübergehend – verbunden ist, ist der Wechsel aus dem Angestelltendasein in die Selbstständigkeit. Erst wenn wir bereit sind, den Preis oder den Aufwand für das Erreichen des Zieles in Kauf zu nehmen, sind wir auch für eine längere Wegstrecke motiviert. Stehen morgens eine Stunde früher auf, um Bewerbungen zu schreiben, an unserer Homepage zu arbeiten oder Yoga zu machen. Ansonsten vergessen Sie das Vorhaben, und halten Sie nach neuen Zielen Ausschau.

Evelyn, eine befreundete Ärztin und Psychiaterin, hat mit 45 beschlossen, in zehn Jahren ihre Praxis nach Vietnam zu verlegen. Seitdem verbringt sie dort jedes Jahr über Weihnachten und Neujahr mehrere Wochen, baut Kontakte auf, sondiert den medizinischen Markt, hospitiert in Krankenhäusern, lernt Vietnamesisch und regelt nicht zuletzt den Praxisbetrieb für ihre Patienten hier vor Ort durch allerhand Maßnahmen. Ich weiß, wo ich in drei Jahren meinen Urlaub verbringen werde.

Schritt 3:
Verlassen Sie die Wartebank

Nichts gegen nachdenken und sich besprechen – mit sich selbst, mit dem Partner, der Freundin, dem Coach. Aber wir können nicht alles theoretisch erkunden. Manchmal erfahren wir erst durch Ausprobieren, ob uns etwas liegt oder nicht. Und ob wir das Zeug dazu haben.

Umwege erhöhen die Ortskenntnis
Bevor wir alle mit Navi durch die Gegend kurvten, passierte es ab und an, dass wir uns verfuhren. Und wenn

schon: Umwege verbessern die Ortskenntnis. Ein Karriere-Navi gibt es (noch) nicht. Und die berühmten Kaminkarrieren – vom Lehrling zum Vorstandsvorsitzenden – scheinen auch vom Aussterben bedroht.

Pauschalrezepte wie erst einige Jahre Großkonzern mit klangvollem Namen und dann der Karrieresprung in den Mittelstand mit weniger Hierarchien, aber mehr Entscheidungen durch den Eigentümer schmecken nicht jedem. Zwar wird Frauen gern das mittelständische Familienunternehmen empfohlen, weil sich nirgends so gut Karriere und Familie vereinbaren ließen. Ich wage zu bezweifeln, ob das außer für die mitarbeitende Ehefrau oder die ins Unternehmen einsteigende Tochter auch generell fürs Management gilt. Die in Kapitel 1.3 gezeigte stagnierende Entwicklung des Frauenanteils im Management mittelständischer Unternehmen könnte ein weiteres Indiz sein.

Sich eigene Karriereperspektiven verschaffen

»Bin ich noch auf dem richtigen Karriereweg?«, ist eine Frage, die mir als Coach oft gestellt wird. Und auf die ich keine Antwort aus dem Ärmel schüttle. Es gibt nicht den einen richtigen Weg. Wir müssen selbst entscheiden, was für uns richtig und wichtig ist. Oder wollen Sie jemand anderen für sich entscheiden lassen? Wohl kaum. Natürlich beleuchtet ein Coach mit Ihnen die verschiedenen Optionen, die Vor- und Nachteile, die damit verbunden sind, und versucht die jeweiligen Vorstellungen durch einen Realitätscheck zu ergänzen. Die Entscheidung für oder gegen ein Berufs- und Lebenskonzept kann Ihnen aber niemand abnehmen.

Das sagen Männer:
»Wähle, was du tust, dann tust du immer das, was du gewählt hast.«
REINHARD K. SPRENGER: *Prinzip Selbstverantwortung*

Raus aus dem Vielleicht-Modus!

»Haben Sie schon über Ihre Zukunft nachgedacht?« Spätestens, wenn Sie diese Frage hören, ist es zu spät. Erwarten Sie nicht, dass Ihre Chefin oder Ihr Chef Ihre Qualitäten entdeckt und sich über Ihre Karriereziele große Gedanken macht. Das müssen Sie schon selber tun. Auch und gerade als blutige Anfängerin. Später, wenn die Leute erst einmal von Ihren Fähigkeiten und Leistungen Notiz genommen haben, steigt die Wahrscheinlichkeit, dass man Sie für eine Beförderung ins

Spiel bringt. Vorher müssen Sie dafür sorgen, dass die Menschen um Sie herum wissen, was Sie machen und wohin Sie wollen. Und das schafft man nur mit klaren Vorstellungen über die eigene Karriere und indem man unmissverständlich signalisiert: »Ich bin bereit! Ich habe das Know-how und das Stehvermögen.« Heben Sie selbstbewusst die Hand, greifen Sie nach der Extranuss, die Ihnen vor die Füße fällt, und machen Sie etwas daraus. Nichts sitzt tiefer als die Trauer um verpasste Chancen.

> *Das sagen Frauen:*
> **»Eine Frau behält sich immer eine Reserve – wenn es danebengeht, dann sagt sie eher: Ich habe mich doch eigentlich gar nicht beworben ... Der Mann bewirbt sich entschieden, legt damit ein Bekenntnis ab, dass er es schaffen will. Er weiß, dass er auch scheitern kann, aber er geht das Risiko ein. Das tun eben Männer eher.«**
> GERTRUD HÖHLER, Politik- und Managementberaterin[24]

Sollten Sie sich mit Entscheidungen schwertun, sich lieber mit »vielleicht« ein Hintertürchen offen halten, statt klar Ja oder Nein zu sagen, dann fragen Sie sich doch einmal, was Sie machen würden, wenn Sie nur noch ein

Jahr zu leben hätten. Das mag makaber klingen, wirkt aber wie eine kalte Dusche. Amerikanische Manager geben zurzeit ein horrendes Geld dafür aus, sich diese Frage möglichst praxisnah zu beantworten, und legen sich dabei bühnenreif in einen Sarg. Und die Unternehmen zahlen für diese Leadership-Seminare in der Hoffnung, dass ihre Führungskräfte hinterher das Unternehmen auf den Kopf stellen und unglaubliche Chancen aufdecken. Kann passieren. Aber auch der Erfolg eines 5000-Dollar-Seminars hängt davon ab, was wir hinterher im Arbeitsalltag daraus machen. Wie wir den viel beschworenen Praxistransfer hinbekommen.

Im Vielleicht-Modus erreichen wir unsere Vorstellungen nicht

Nichts ist für die Ewigkeit, da hat der Volksmund recht. In verschiedenen Lebensphasen dominieren unterschiedliche Prioritäten. Natürlich verändern sich unsere Ziele im Zeitablauf, weil sich unsere Bedürfnisse ändern. Vielleicht hat für Sie mit Ende 20 die gelebte Work-Life-Balance noch nicht oberste Zielpriorität, aber mit Ende 30 schon. Was für uns früher nicht relevant war, wird »plötzlich« bedeutsam, und wir müssen unsere Ziele revidieren und neu justieren. Nur weil das so ist, bedeutet dies aber noch lange nicht, dass man es deshalb lieber gleich bleiben lässt. Besser, wir bestimmen mit, wohin es geht, und gestalten unseren Erfolg mit, statt die eigenen Ziele auf die lange Bank zu schieben. Was wir zukünftig sein wollen, was wir in der Zukunft machen wollen, das müssen wir mit aller Konsequenz in der Gegenwart entscheiden und anpacken.

Für den Marketingpapst Philip Kotler gibt es drei Kategorien von Menschen:

- diejenigen, die Dinge geschehen machen,
- diejenigen, die beobachten, was geschieht, und
- diejenigen, die sich wundern, was geschieht.

Zu welcher Kategorie wollen Sie gehören?

Klar, ein wenig Mut ist immer gefragt, wenn man Neuland betritt. Zu jeder Karriere gehört ein Sprung ins kalte Wasser. Der ist allemal besser, als auf der Wartebank wertvolle Zeit zu vertrödeln und die eigenen Ziele aus dem Blickfeld zu verlieren. Das, was Ihnen für den neuen Job noch fehlt, eignen Sie sich an. Denn ohne sich hin und wieder ins Zeug zu legen, funktioniert Karriere nicht. Und dann können Sie die Dinge wieder laufen lassen.

> **Praxistipp: Was Frauen erfolgreich macht**
>
> **MICHAELA BÜRGER,**
> Vice President Executive Development, Siemens AG:
>
> *»Gehen Sie Ihren eigenen Weg. Wenn Sie beruflich erfolgreich sein wollen, müssen Sie den Wunsch und das Verlangen haben, täglich Ihr Bestes zu geben. Lassen Sie sich nicht von Ihrem Weg abbringen, weil Sie vor Hürden stehen, weil andere meinen, es besser zu wissen, oder irgendwelchen Trends hinterherlaufen. Wenn ein inneres Anliegen, eine Leidenschaft Sie antreibt, dann können Sie sich behaupten und für Ihre Meinung einstehen – das überzeugt und motiviert Ihre Mitarbeiter sowie Ihr gesamtes Umfeld, ›Extrameilen‹ mit Ihnen zu gehen.«*

Gehen oder bleiben?

Wenn unsere Beziehung nur noch aus Routine besteht, müssen wir uns auch nicht gleich einen neuen Ehemann oder Partner suchen. Oft reichen ein Wochenendtrip, ein gemeinsamer Kino- oder Restaurantbesuch, um aus dem Gewohnheitsgefängnis herauszukommen und wieder neuen Schwung zu entfalten – sich lieber bewusst auf Neues einzulassen, statt sich auf Altbewährtes zu verlassen. In der zweiten Reihe ist es zwar sicherer, aber auch langweiliger.

Wer in seiner Komfortzone ruht, verpasst seine Chancen

In den Neunzigerjahren gab es kaum ein Führungsseminar, auf dem nicht der Schlachtruf ertönte: »Raus aus der Komfortzone!« Denn auf vertrautem Gebiet bewegen wir uns sicher, aber es findet keine Kompetenzerweiterung statt. Wie ich das am eigenen Leib erfahren habe: Als ich mich nach zehn Jahren Konzernkarriere und einem weiteren Jahr an Zweifeln, Ängsten, Hin und Her entschloss, einen Neuanfang in einem anderen Unternehmen zu wagen, ging es mir auch darum herauszufinden, ob ich auch außerhalb der mir vertrauten Strukturen erfolgreich sein kann. Ich konnte. Selbstzweifel legt man nicht durch Denken ab, nur durch Handeln. Zu lange im bekannten Terrain zu bleiben setzt einen Teufelskreis in Gang: Weil wir immer weniger Neues ausprobieren, trauen wir uns immer weniger zu. Und weil wir uns immer weniger zutrauen, probieren wir immer weniger Neues aus. Mit dem Ergebnis: Erfolgserlebnisse bleiben aus und die Hindernisse in uns selbst bestehen. Wir trauen uns nicht mehr zu, neue Aufgaben in Angriff zu nehmen, und damit glauben die anderen auch nicht mehr an uns.

Auslöser ist oftmals ein Fehler oder Misserfolg, für den wir eine ordentliche Standpauke bezogen haben. Zwar wird der konstruktive Umgang mit Fehlern, der Lernen, Verbesserungen und das Entwickeln neuer Ideen fördert, in der Führungskräfteentwicklung gern beschworen, eine Reaktion wie die von Tom Watson, dem Begründer von IBM, die man sich erzählt, ist jedoch wohl eher selten: Er soll einen Jungmanager, der gerade einen Verlust von zehn Millionen Dollar verursacht hatte, zu sich gerufen und auf dessen Frage, ob er nun gefeuert werde, geantwortet haben: »Wie kommen Sie denn darauf, ich habe gerade zehn Millionen Dollar in Ihre Ausbildung investiert.« Viele Leute hätte er auf diese Weise sicherlich nicht ausbilden können.

Ausrutscher, Rückschläge gehören zum Berufs- und Lebensweg, und Fehler passieren jedem. Wie Goethe schon wusste: *»Stolpern fördert.«* Wichtig ist, wie Sie mit Ihren eigenen oder mit den Fehlern Ihrer Leute umgehen. Signalisieren Sie Lernfähigkeit, statt Fehler zu vertuschen oder zu bestrafen. Prominente Beispiele, die immer wieder gern im Zusammenhang mit einer konstruktiven Fehlerkultur zitiert werden: Edison hat über 250 Fehlversuche mit Glühbirnen gemacht, bis er gelernt hatte, wie eine funktionierende Glühbirne herzustellen ist. Oder: Die Post-it-Haftnotizen, die aus Büro und Haushalt nicht mehr wegzudenken sind, entstanden aus der missglückten Suche nach einem Hochleistungskleber. Dass alles glattgehen muss, sagt ja keiner.

Fast jeder von uns hat irgendwann den Gedanken, die Brocken hinzuschmeißen. Bevor Sie aber Ihrem Chef oder Ihrer Chefin den Job vor die Füße werfen, sprechen Sie mit ihm oder ihr über neue Aufgaben. Man muss manchmal eine Tür selbst aufmachen, um neue Bewährungsproben meistern zu können. Dafür müssen Sie wissen, was Sie wollen: eine Führungsposition, einen Auslandseinsatz, mehr Kontakt zum Kunden?

Und wenn das alles nichts nützt und Sie merken, dass Sie hier Ihre Ziele nicht erreichen können, oder wenn Aufwand und Ertrag nicht mehr im Verhältnis zueinander stehen, dann wird es Zeit, die Zusammenarbeit zu beenden. Finger weg von Hals-über-Kopf-Manövern, sonst kann es leicht passieren, dass Sie irgendwo landen, wo Sie gar nicht hinwollten. Umsatteln braucht Vorlauf und Einsatz. Und Klarheit darüber, wie der neue Job aussehen soll: Welche Aufgaben und Verantwortlichkeiten Sie übernehmen möchten, wie viel Geld Sie verdienen wollen, wie klein oder groß das Unternehmen sein soll, welche Branchen Sie interessieren, welche Unternehmenskultur Sie sich wünschen.

Lassen Sie all Ihre Vorstellungen über Ihre zukünftigen Arbeitsbedingungen in Ihre Suche nach einer neuen Stelle einfließen, denn nur so finden Sie sie auch.

> **Praxistipp: Was Frauen erfolgreich macht**
>
> **ANKE DOMSCHEIT,**
> Director Government Relations, Microsoft, Berlin:
>
> *»Verlassen Sie Ihre Komfortzone! Das Glück begünstigt die Mutige – wagen Sie den Schritt ins Risiko, nutzen Sie Gelegenheiten, Neues auszuprobieren und sich selbst zu beweisen. Wer nach den Sternen greifen will, muss seine Flügel nutzen und auch einmal den Boden verlassen. Häufiges Training verringert die Flugangst – Sie werden merken, dass Sie viel mehr an Selbstbewusstsein gewinnen und ausstrahlen, wenn Sie auf das so Erreichte stolz sein können. Sorgen Sie dafür, dass Ihre Ergebnisse dabei auch sichtbar werden. Lassen Sie sich nicht von Misserfolgen entmutigen: Einmal mehr aufstehen, als man hinfällt – das macht Gewinner aus. Letztlich ist jeder Stein, über den man stolpert, eine Gelegenheit zum Lernen und Üben.«*

Das sagen Männer:
»Wenn du erkennst, dass du neuen Käse finden und genießen kannst, änderst du den Kurs.«
SPENCER JOHNSON: *Die Mäuse-Strategie für Manager*

Aufstiegswünsche von Frauen werden von Vorgesetzten gern mit Aussagen wie »Sie sind noch nicht so weit« oder »Sie brauchen mehr Erfahrung« hinausgeschoben. Das eigentliche Motiv, auf das mich übrigens ein Mann gebracht hat: Der Chef wäre doch schön blöd, wenn er sein bestes Pferd im Stall wegbefördern würde. Frauen schmeißen den Laden zuverlässig, während Männer ihr Handicap auf dem Golfplatz verbessern.

Schritt 4:
Sprechen Sie über Ihre Ziele

Wenn Sie sich über Ihre Karrierevorstellungen im Klaren sind, machen Sie sie bekannt. Sagen Sie, was Sie wollen, anstatt über Sorgen und Zweifel zu grübeln. Verbreiten Sie Informationen über Ihre Ziele, damit die Leute um Sie herum wissen, wohin die Reise gehen soll.

Das sagen Frauen:
»Erfolgreiche Frauen reden! Frauen gelten als eloquenter, kommunikativer, einfühlsamer und sprachbegabter als Männer. Doch Ihre Begabung nützt Ihnen nur, wenn Sie auch andere daran teilhaben lassen.«
MARIE-THERES EULER-ROLLE: *Jetzt rede ich!*

Nur wenn Sie Ihre Karten offenlegen, geben Sie anderen Menschen die Chance, Ihnen wertvolle Hinweise zu liefern oder interessante Angebote zu machen. Sollten Sie einen neuen Job suchen, heißt das natürlich nicht, dass Sie mit diesem Ziel im Unternehmen hausieren gehen sollten. Reden Sie mit den Menschen darüber, denen Sie vertrauen und denen Sie auch zutrauen, Sie in Ihrer Karriereorientierung zu unterstützen.

Das sagen Männer:
»Was aber die Karriere von Frauen betrifft, besitze ich eine weitere These. Frauen chatten und simsen und telefonieren mit Freundinnen etwa viermal so viel wie Männer. Manche Frauen kommunizieren 16 Stunden am Tag zweckfrei. Wenn sich die Frauen mehr um ihren Beruf kümmern würden und weniger darum, sich mit ihren Freundinnen über die Männer zu unterhalten,

gäbe es weitaus mehr Frauen in Führungspositionen. Dies nur als Tipp.«
HARALD MARTENSTEIN, Kolumnist: ZEIT Geschichte, 4/2006

Klartext reden

Sie können nicht alles kontrollieren, was andere über Sie sagen. Und die betriebliche Informationskette schon gar nicht. Deshalb: Lassen Sie sich nicht davon einschüchtern, dass andere vielleicht schlecht über Sie denken oder sprechen. Sie können es so oder so nicht verhindern. Aber Sie können es stark dadurch beeinflussen, was Sie über sich selbst sagen. Und davon sollten Sie Gebrauch machen. Mit zielstrebigen Formulierungen und ohne Füllwörter, die Frauen schwach wirken lassen. Streichen Sie »vielleicht, etwas, ziemlich, bisschen & Co.« aus Ihrem Wortschatz.

Im Job nicht laut denken

Auf die Frage, welche Erfahrung sie als Kanzlerin am meisten – positiv oder negativ – überrascht hat, antwortete Angela Merkel in einem Interview mit dem Hamburger Abendblatt (11.02.2008): »*Im Guten wie manchmal im Schwierigen: welches Gewicht jedes einzelne, manchmal beiläufig geäußerte Wort von mir hat, einfach weil es die Bundeskanzlerin ist, die etwas zu diesem oder jenem Thema sagt.«*

Wenn es sich nicht gerade um ein Brainstorming handelt, sollten Sie im Job nicht laut denken, vor allem nicht in einer Führungsposition. Je höher Sie steigen, umso mehr achten die Leute auf das, was Sie sagen. Wenn Sie die Präsentation bei einem Kunden intern mit einem »Schau'n wir mal, so wichtig ist der nun auch wieder nicht« kommentieren, dürfen Sie sich nicht wundern, wenn Ihre Leute den Termin nicht ernst nehmen. Der Grat zwischen Gelassenheit und Lässigkeit ist ein schmaler.

Männer beschäftigen sich ungern mit Gedankenleserei

Klartext sollten Sie auch reden, wenn sich die neue Aufgabe anders entpuppt als im Einstellungsgespräch vollmundig versprochen. Ich höre oft den Satz: »Man hat mir zum Start alles Mögliche versprochen. Aber jetzt: Pustekuchen!« Vielleicht kennen Sie den ebenfalls. Das passiert nicht selten, denn in Unternehmen ist auch nicht alles Gold, was glänzt. Hier hilft nur ein Gespräch mit dem Chef oder der Chefin. Bloß keine falsche Scheu, man hat Sie schließlich durch mehrere Gesprächsrunden und womöglich durch aufwendige Testverfahren geschleust und auf Herz und Nieren geprüft. Jetzt wird man Sie nicht gleich wieder ziehen lassen, nur weil Sie Ihren Vorgesetzten darauf ansprechen, was eigentlich mit der Mitarbeit im Strategieteam oder der in Aussicht gestellten Projektleitung sei.

Oder sind Sie der Meinung: Das ist Chefsache? Mag sein, aber der hat möglicherweise aktuell andere Baustellen, nicht den tiefen Einblick in Ihr Tagesgeschäft oder – was bei den meisten Chefs und vor allem Männern zutrifft – nicht so sensible Antennen und kein Gespür, Gedanken zu lesen. Nur nörgeln bringt nichts. Besser, Sie bereiten gründlich ein Gespräch vor. Ein neuer Trend im Business heißt *Erwartungsmanagement*, das bedeutet, es wird nicht gewartet, bis das Problem da ist, sondern versucht, die Ansprüche und Erwartungen von außen – von Kunden, Zulieferern usw. – rechtzeitig zu erkennen und gar nicht erst zum Problem werden zu lassen. Dieses Prinzip können Sie sich auch im Innenverhältnis zunutze machen. Bei Gesprächsbeginn zeigen Sie zunächst, was Ihnen an der neuen Tätigkeit gefällt. Ganz nach dem amerikanischen Strickmuster für den Einstieg in ein Beziehungsgespräch: »Darling, I love you, but…« Klingt doch gleich weniger nach Krise als: »Ich muss mal mit dir reden.«

> ### Praxistipp: Was Frauen erfolgreich macht
>
> **KARIN BOJEN-RAU,**
> Coach:
>
> *»Ein Schlüssel für beruflichen und persönlichen Erfolg ist: den Standpunkt der anderen verstehen können und wollen. Damit können Sie Ihren eigenen Standpunkt überprüfen, verändern oder verteidigen – und was immer Sie dann entscheiden, Sie werden den momentan gerade passenden Hebel finden und nutzen, um diesen Ihren Standpunkt klar und konsequent zu vertreten.«*

Formulieren Sie klipp und klar Ihre Erwartungen, und fragen Sie nach den Erwartungen Ihres Vorgesetzten. Dann heißt es, diese Vorstellungen miteinander abzugleichen und da, wo Abweichungen offenbar werden, zu prüfen, inwieweit man diese überbrücken kann. Die eleganteste Art, mit Konflikten umzugehen, ist, sie gar nicht erst entstehen zu lassen.

Tipp: Bevor Sie loslegen, malen Sie sich das Gespräch aus, inszenieren und proben Sie es. Sprechen Sie laut aus, was Sie sagen wollen, damit es sitzt. Prüfen Sie Ihren Expertinnenstatus, holen Sie sich Ihre Kernkompetenzen auf den inneren Schirm. Finden Sie Antworten auf die Frage, wie das Unternehmen von Ihrem Können profitieren kann.

> **Praxistipp: Was Frauen erfolgreich macht**
>
> **MARTINA PLAG,**
> Seniorberaterin Hachenberg und Richter Unternehmensberatung:
>
> *»Sagen Sie Ihrem Chef, was Sie wollen. Er wird dankbar sein, denn er hat keine Zeit zu spekulieren, ob Sie Lust haben, ein Projekt zu übernehmen, ins Ausland zu gehen oder bereit für den nächsten Karrieresprung sind.«*

Schritt 5: Zeigen Sie sich

Wenn ich eins gelernt habe im Leben, dann, dass Erfolg kein Zufall ist. Erst wenn wir gesät haben, können wir ernten. Und dann kommt es auch vor, dass uns etwas in den Schoß fällt. Erst wenn Sie sich einen gewissen Bekanntheitsgrad in der Branche und am Markt aufgebaut haben, meldet sich der Headhunter. Und sagen Sie dann bitte nicht: »Wie kommen Sie gerade auf mich?« Oder es passiert, dass sich ein potenzieller Kunde von allein oder auf Empfehlung meldet. Der Ball muss also vorher ins Rollen gebracht werden. Sie erinnern sich an die 10-30-60-Formel für berufliches Fortkommen: Die Chancen auf Beförderung setzen sich aus 60 Prozent Kontakte, 30 Prozent Selbstpräsentation und aus zehn Prozent Leistung zusammen.

Sich auf den Bürobühnen blicken lassen

Unternehmen lassen sich heute unter dem Schlagwort »Talentmanagement« einiges einfallen, um die passenden Leute mit den richtigen Talenten an Bord zu holen und zu halten. Das ist aber keine Einbahnstraße. Unternehmen sind Talentshows, und Sie müssen dort zeigen, welche Anlagen Sie haben. Wer sich nicht sichtbar macht, wird nicht gesehen. Auf dem Weg nach oben geht es darum, auf den Business-Bühnen präsent zu sein – die berühmte *Visibility* zu demonstrieren, wie es im Managementjargon heißt. Im stillen Kämmerlein fleißig vor sich hin zu arbeiten reicht nicht. Sie müssen damit auch vor die Tür treten, sonst erfährt niemand von Ihren Fähigkeiten und Ergebnissen. Sorgen Sie dafür, dass sich Gutes auch verbreitet, und verkaufen Sie Ihre Arbeit draußen durch aktives Selbstmarketing.

Zeigen Sie, an welchen strategisch wichtigen Themen Sie dran sind.

Und was machen Sie so?

Läuft vor Ihrem geistigen Auge schon der Werbespot von Vorwerk? Dann kennen Sie sicher die Antwort: »... *Oder kurz: Ich führe ein sehr erfolgreiches kleines Familienunternehmen.*« Um es gleich klarzustellen: Dies soll keine Schleichwerbung sein, und ich werde auch nicht dafür bezahlt. Aber es ist ein Paradebeispiel für positive und erfolgreiche Selbstdarstellung. Und die brauchen wir in der Businesswelt, und das oftmals zu einem völlig unerwarteten Zeitpunkt. Um in solchen Situationen nicht irgendetwas vor sich hin zu murmeln, sollten Sie an Ihrer Außendarstellung arbeiten.

Egal, ob Sie jemanden auf dem Gang treffen, im Aufzug oder bei einem Empfang, die Frage nach Ihren beruflichen Aktivitäten ist allgegenwärtig. Dabei haben Sie meistens nicht mehr als einige Sekunden, um sich richtig in Szene zu setzen. Sie brauchen also eine einprägsame Kurzfassung auf die Frage: »Und was machen Sie beruflich?« Kommunizieren Sie Ihre Kompetenzen, und verbreiten Sie Ihre Themen. Und damit das nicht abstrakt bleibt, haben Sie mindestens ein konkretes Projekt oder eine Erfolgsgeschichte in Kurzform parat. Diese Selbstpräsentation muss sitzen. Am besten bringen Sie sie zu Papier. Feilen Sie am Text, und studieren Sie sie ein. Dabei werden Sie schnell merken, dass Sie mit einer Antwort nicht auskommen, sondern für unterschiedliche Anlässe und Zielgruppen Variationen brauchen. Freuen Sie sich auf die Reaktion Ihres Umfelds: »Ich wusste gar nicht, dass Sie das auch alles machen.«

Auf einem Empfang hat mir eine Frau auf die Berufsfrage einmal »Ich bin PM für FMCG« um die Ohren gehauen. Nun komme ich aus dem Marketing und weiß, dass sie »Product Managerin für Fast Moving Consumer Goods« meint. Trotzdem: Das ist nicht prägnant, sondern lächerlich. Ein »Donnerwetter!« konnte ich mir nicht verkneifen. Ich muss wohl nicht erwähnen, dass unser Gespräch nicht wirklich in Gang kam.

Auf dem Präsentierteller stehen

Worauf kommt es an? Darauf, für sich passende Gelegenheiten zu suchen oder zu schaffen, um herauszufinden: Wie werde ich wahrgenommen. Sich präsent zu machen auf formellen wie informellen Bühnen und in karriereförderlichen Kreisen. Sich ein Netz von Beziehungen und Informationsquellen aufzubauen, um persönliche Ziele und Unternehmensziele zu erreichen.

Lieber die Letzte an der Bar als die Erste im Büro
Reden Sie mit vielen Leuten, übernehmen Sie Sonderprojekte, bringen Sie sich ins Blickfeld von Entscheidern, fallen Sie positiv auf mit konstruktiven Beiträgen oder guten Fragen:

- auf Meetings und Geschäftsbesprechungen,
- auf Geburtstagsfeiern, Firmenjubiläen, Verabschiedungen,
- in der Kantine,
- beim After-Work,
  (In einem Interview habe ich einmal den Satz formuliert: *»Lieber die Letzte an der Bar als die Erste im Büro.«* Die Presse liebt solche Sätze, und diese »Sternstunde« hat mir enorme Medienpräsenz eingebracht.

Natürlich heißt das nicht, dass man sich dort volllaufen lassen soll. Gott bewahre, ein absolutes Tabu! Gemeint ist die Bar als zentrale Informations- und Kommunikationsquelle.)
- auf Messen, Veranstaltungen, Seminaren, Tagungen, Wirtschaftsempfängen,
- auf Netzwerktreffen,
- beim informellen Get-Together,
- beim Halten von Vorträgen auf Kongressen oder Fachtagungen,
- beim Schreiben von Artikeln fürs Kundenmagazin oder die Mitarbeiterzeitschrift,
- beim Schreiben von Fachartikeln für die Medien.

Wenn Sie beim letzten Punkt denken: Die hat gut reden. Wenn man schon ein Buch geschrieben hat, hat man Kontakte, und dann ist es kinderleicht, veröffentlicht zu werden. Vielleicht, aber bei mir war es andersherum. Dadurch, dass ich für ein Magazin einen Essay geschrieben habe (mit viel Zeitaufwand, der Chefredakteur war ziemlich anspruchsvoll und ich kurz vorm Aufgeben, aber schließlich hat der Kampfgeist über den inneren Schweinehund gesiegt, was auch ein gutes Gefühl ist), ist die Programmleiterin vom GABAL Verlag – Ute Flockenhaus – auf mich aufmerksam geworden. Ich will nicht behaupten, dass ein Buch nicht auf der Liste meiner Lebensziele stand, aber aktiv hatte ich mich zu dem Zeitpunkt noch nicht damit auseinandergesetzt. Manchmal gehen Wunschziele schneller in Erfüllung, als einem lieb ist. Dahinter stand schließlich eine Verpflichtung – nämlich: Manuskriptabgabe am 15. August 2008 – und darunter meine Unterschrift.

Vielfach ist das Denken verbreitet: »Wenn ich wüsste, ein Verlag würde es nehmen, dann würde ich den Roman, den ich schon im Kopf habe, auch schreiben.« Das kann nicht funktionieren. Zu viel »würde«! Nehmen Sie beispielsweise Joanne K. Rowling. Der erste *Harry Potter* entstand im Café ohne Millionenvorschuss. Also, wenn Sie in dieser Richtung Ambitionen haben, lassen Sie sich nicht ins Bockshorn jagen, sondern schreiben Sie! Einen ungeschriebenen Artikel kann man nicht anbieten. Zudem haben die zahlreichen On- und Offline-Medien tagtäglich Bedarf an Nachrichten und Neuigkeiten, wieso also nicht an Ihrer? »Ich habe in der Zeitung über Sie gelesen« ist noch immer eine der besten Empfehlungen.

Es gibt keine Garantie fürs Gelingen

Natürlich gibt es keine Garantie dafür, ob etwas und was dabei herauskommt. Ich habe aber immer wieder festgestellt, dass sich der Einsatz in den meisten Fällen gelohnt und eine Eigendynamik entwickelt hat. Durch einen gewissen Bekanntheitsgrad erhalten Sie automatisch Vorschusslorbeeren: Haben Sie einmal einen Fachartikel veröffentlicht, interessieren sich andere Medien. Haben Sie einen Vortrag auf einer Konferenz gehalten, werden Sie von anderen Veranstaltern eingeladen. Saßen Sie bereits auf einem Podium, werden Sie zu weiteren Diskussionsrunden gebeten. Und dann kommt es darauf an, den guten Ruf, der im Unternehmen, in der Branche oder am Markt über Sie kursiert, durch gute Arbeit zu bestätigen. Was Sie dafür brauchen: Mut und ein Thema, in dem Sie sattelfest sind. Sätze wie »Ich weiß gar nicht, ob ich viel dazu beitragen kann« verkneifen Sie sich besser. Denn auch das spricht sich schnell in der Branche oder anderen Unternehmensbereichen herum.

Es ist immer Show-Time

Wenn Sie nach vorne wollen, von der Mitarbeiterin zur Vorgesetzten aufsteigen wollen, dann müssen Sie sich auf den Bürobühnen blicken lassen. Ein Beispiel aus dem Arbeitsalltag:

> *Corinna Bauer, Dr.-Ing. und Leiterin einer Forschungsabteilung, kam zu mir ins Coaching, weil man ihrem Stellvertreter die Bereichsleiterstelle angeboten hatte und nicht ihr. Schnell traf sie den Punkt: »Herr Reiter hockt in diesen Meetings, während ich seine Aufgaben gleich noch mit erledigen darf. Das müssen die da oben doch bemerken.« Auf meine Frage, wieso nicht sie, sondern ihr Stellvertreter an den Sitzungen teilnahm, antwortete sie: »Das ist doch verlorene Zeit, die mir hinterher fehlt. Und es kommt sowieso nichts dabei rum.«*

Besprechungen als kontraproduktiv abzutun ist naiv
Mit dieser Meinung über Meetings steht Frau Bauer nicht allein da: Nach Untersuchungen werden 90 Prozent der Besprechungen als ineffektiv bewertet. Das Problem lag auf der Hand, die Lösung auch. Weil Frau Bauer Meetings und Konferenzen bisher nur für Zeit-

und Kostenfresser gehalten hatte, drückte sie sich, wann immer möglich, und schickte ihren Stellvertreter. Sie selbst hatte ihn der Geschäftsleitung quasi auf dem Silbertablett serviert. Ihre Meinung über die meisten Meetings hat sich zwar nicht wesentlich geändert, dafür aber ihre Einschätzung hinsichtlich der Bedeutung dieser Bürobühne. In Management-Meetings geht es immer auch ums Präsenzzeigen und um Einflussnahme. Machen Sie hier nicht mit, ernten andere die Lorbeeren.

Frauen fühlen sich oftmals übergangen und ignoriert. Sie waren aber gar nicht da, wo sie gesehen werden konnten. Sie sitzen in der Fleißfalle fest, statt dafür zu sorgen, dass man ihre Leistungen und ihr Gesicht kennt.

Praxistipp: Was Frauen erfolgreich macht

KARIN KATERBAU,
Vorstand comdirect bank:

»Stehen Sie selbstbewusst hinter Ihren Leistungen. So gewinnen Sie Förderer, die Ihr Potenzial erkennen und weiterentwickeln. Ganz wichtig für Ihre Karriere sind außerdem Netzwerke, denn viele Karrierechancen ergeben sich aus persönlichen Kontakten. Männer nutzen dies in der Regel deutlich stärker, so dass Frauen hier noch Aufholbedarf haben.«

Ein typisches Beispiel, das ich immer wieder beobachte und aus meinen eigenen beruflichen Anfängen kenne und falsch eingeschätzt habe: Wenn es nach einem Seminar oder einer Besprechung noch an die Bar geht, ziehen Frauen oft den Weg nach Hause vor, oder sie gehen kurz mit und verabschieden sich bald wieder. Und verbauen sich so Chancen. Von meiner früheren Chefin habe ich gelernt, das pragmatisch zu sehen. »Klar«, sagte sie, »würde ich lieber nach Hause gehen, denn mein Mann bügelt mir nicht die Bluse oder packt mir den Koffer für die Geschäftsreise am nächsten Tag, und besonders spannend sind diese Runden auch nicht, aber wer nach vorne will, muss dann und wann private Interessen hintanstellen.«

Was zählt, ist Sichtbarkeit. Visibility. Meine scherzhafte Empfehlung kennen Sie ja schon: Lieber die Letzte an der Bar als die Erste im Büro. Aber Vorsicht: Saufen für die Karriere ist hiermit nicht gemeint, auch wenn man bei manchen Zusammenkünften den Eindruck gewinnt. Sie wissen ja, wenn zwei das Gleiche tun, ist es noch lange nicht dasselbe. Männern verzeiht man so einen Ausrutscher schon mal, betrunkene Frauen werden nicht gern gesehen.

Auf solchen Bühnen und Hinterbühnen werden die Fäden gezogen. Frauen sind dort kaum präsent. Und weil sie nicht dabei sind, stehen sie auch nicht auf der Shortlist für den nächsten Topjob. Wichtig ist, sich bewusst darauf einzulassen, denn es geht schließlich nicht nur um körperliche Präsenz. Schlecht gelaunt oder mit den Gedanken woanders dabei zu sein ist nicht Sinn und Zweck der Übung. Jedem läuft mal eine Laus über die Leber. Wenn Sie merken, dass Sie sich an diesem Abend partout nicht in den Griff bekommen, dann gehen Sie lieber nach Hause. Das ist der bessere Platz, um vor sich hin zu mosern.

> **Praxistipp: Was Frauen erfolgreich macht**
>
> **MONIKA SCHEDDIN,**
> Coach und Gründerin der WOMAN's Business Akademie:
>
> *»Vermutlich haben Sie Parfüm aufgelegt. Genau wie Ihre Kolleginnen. Riechen Sie sich oder Ihre Kollegin? Eher nicht, oder?*
> *Fazit: Wir sind zu dezent geworden. Riskieren Sie doch mal was. Hinterlassen Sie bewusst eine Duftspur – auch wenn es der einen oder anderen nicht gefallen wird.«*

Von sich hören und sehen lassen

Vorträge, Präsentationen oder Reden zu halten gehört zum Alltag jeder Führungskraft. Kein Wunder, dass der Markt für Präsentations-, Stimm- und Atemtrainings oder Bücher zu diesem Thema unüberschaubare Ausmaße angenommen hat. Deshalb soll an dieser Stelle auch kein weiteres Buch darüber entstehen, wie man erfolgreich Reden und Vorträge hält, sich inhaltlich und mental vorbereitet, eine Stoffsammlung anlegt, eine Gliederung erstellt, einen gekonnten Anfang hinlegt, Kernbotschaften formuliert, Technik und Medien einsetzt, Hänger überwindet, mit Störenfrieden umgeht, Stimme und Körpersprache trainiert und so weiter.

Wer nichts von sich hören und sehen lässt, von dem hört und sieht man bald nichts mehr
Wenn es um die Präsentation der Projektfortschritte oder Workshop-Ergebnisse geht, kneifen Frauen gerne. »Stell du das mal vor«, bitten sie den Kollegen. Das bringt sie aber nicht weiter. Denn zum einen verzichten sie auf wichtige »Bühnenpräsenz«, und zum anderen verschenken sie wertvolle Trainingsmöglichkeiten. Vorträgehalten muss man üben, nur dadurch werden wir besser. Männer punkten am Rednerpult meistens schon

durch ihre tiefere Stimme, die sie kompetenter und selbstbewusster erscheinen lässt, während Frauen oftmals zu schnell und zu schrill sprechen. Die ehemalige britische Premierministerin Margaret Thatcher soll sich übrigens ihre Stimme mit professioneller Unterstützung eine halbe Oktave tiefer gelegt haben. Oder man macht ein Markenzeichen daraus wie Frau Pooth. Empfehlung: Wenn Sie öfter vor Publikum sprechen, investieren Sie auf diesem Gebiet. Es lohnt sich. Vieles ist möglich, nur Wunder dauern etwas länger.

Kommunikationserfolg entsteht dadurch, wie wir etwas sagen

Eine der bekanntesten und ältesten (sie stammt aus den Sechzigerjahren des 20. Jahrhunderts) Zahlenvorgaben für den Erfolg von Präsentationen und Reden ist die 55-38-7-Formel des amerikanischen Psychologen Albert Mehrabian. Ob die Zuhörer unseren Vortrag überzeugend oder begeisternd finden, hängt zu 55 Prozent von Körpersprache, Gestik, Augenkontakt ab, zu 38 Prozent von Stimme und Tonfall und nur zu sieben Prozent vom Inhalt unserer Kommunikation. Es gibt andere Studien mit mehr oder weniger abweichenden Prozentsätzen, aber grundsätzlich bleibt die Aussage die gleiche: Unser Kommunikationserfolg wird nicht durch das geprägt, was wir sagen, sondern dadurch, wie wir etwas sagen.

Die weite Verbreitung in der Populärliteratur hat aber leider auch zu dem Eindruck geführt: Auftreten ist alles! Diese plakative Vereinfachung verleitet dazu, den Inhalt als völlig irrelevant abzutun. Das ist natürlich absurd. Auch Blödsinn lässt sich nicht durch einen brillanten Vortragsstil verkaufen. Natürlich sind Fachkenntnisse wichtig, aber man sollte sich nicht dahinter verstecken. Ein Vortrag oder eine Präsentation ist auch eine Chance, dem Zuhörerkreis zu zeigen, dass hinter der kompetenten Fachfrau mehr steckt. Das Zauberwort hier: authentisch sein. Zum Beispiel, indem Sie die reine Fachinformation mit eigenen Erfahrungen und persönlichen Ansichten oder Statements verknüpfen und ruhig einige Ecken und Kanten Ihres Charakters zeigen. Vergleichbar mit der bereits bekannten 10-30-60-Regel für berufliches Fortkommen ist die nonverbale Kompetenz kein Ersatz für Ihr Fachwissen, sondern notwendige Ergänzung. Gut präsentiert werden auch die Inhalte geglaubt.

Eine (noch) nicht so verbreitete Studie zur Redewirkung wurde 2006 vom Verband der Redenschreiber deutscher Sprache (VRdS) und der Deutschen Public Relations Gesellschaft (DPRG) beim Institut für Demoskopie Allensbach in Auftrag gegeben. Das Ergebnis: Wie eine Rede wirkt, hängt zu 22 Prozent vom Inhalt, zu 59 Prozent von der Körpersprache und zu 19 Prozent von der Stimme ab. Vergleicht man dieses Verhältnis mit der Mehrabian-Formel, fällt auf, dass Erscheinungsbild und Körpersprache einen noch höheren Anteil an der Gesamtredewirkung haben. Aber auch der Redetext fällt mehr ins Gewicht – mit 22 Prozent sogar etwas mehr als die Stimme.

Ob die Mehrabian-Studie zudem noch methodische Mängel aufweist oder nicht, finde ich an dieser Stelle nicht entscheidend. Man kann doch nur hoffen, dass sich die empirische Sozialforschung in den letzten 40 Jahren weiterentwickelt und neue Messmethoden hervorgebracht hat. Entscheidend ist die Erkenntnis, dass wir mit einem noch so ausgefeilten Redetext oder einer noch so animierten PowerPoint-Präsentation allein unsere Zuhörer nicht fesseln werden. Oder man besitzt das Selbstbewusstsein eines Oscar Wilde, der das Fiasko seiner Theaterpremiere so kommentierte: »*Das Stück war ein großer Erfolg, aber das Publikum eine glatte Fehlbesetzung.*«

Es muss nicht immer gleich eine Konferenz oder Präsentation sein. Der Joballtag ist voll von Gelegenheiten, in denen wir von uns hören lassen können, zum Telefonhörer greifen oder eine E-Mail schreiben. Diese Kommunikationsmedien sind aus der Bürowelt nicht mehr wegzudenken, auch wenn man es persönlich bedauerlich findet, dass sie mehr und mehr den persönlichen Kontakt ersetzen. Manche Menschen behaupten sogar, man könne mit E-Mails gezielt Büropolitik betreiben: Wer kommt auf den Verteiler und wer nicht? Und wen informiert man gegebenenfalls noch undercover über bcc? Eigentlich nicht verwunderlich: Wissen ist Macht, und Kommunikations- und Informationsflüsse gehören zu den zentralen Machtquellen in Unternehmen.

Der Fall meiner Klientin Maren Becker, die an ihrem Selbstmarketing arbeiten wollte, zeigt deutlich, worauf es ankommt. Die Übernahme eines Vertriebsprojektes bot eine gute Gelegenheit, sich einen Namen zu machen. Maren Becker war der Ansicht, sie müsse den laufenden Projektstatus nicht auch noch regelmäßig kommunizieren, schließlich könnten sich die Projektmitglieder auf der eingerichteten Projektplattform eingehend informieren.

Marketingleute nennen das »Pull«-Marketing. Soll heißen: Interessenten können sich die Informationen selbst holen (ziehen), zum Beispiel aus dem Internet. Darauf allein würde sich aber kein Marketingstratege verlassen. Damit eine Botschaft beim Konsumenten ankommt, muss sie über mehrere Kanäle penetriert werden. Also werden parallel auch Informationen in den Markt gedrückt oder gepuscht. Das »Push-and-pull«-Prinzip lässt sich auch auf strategisches Selbstmarketing anwenden.

Informationsmanagement ist Selbstmarketing

»Wirkt das nicht aufdringlich?« Maren Becker war zunächst skeptisch. »Ich will nicht den Eindruck erwecken: Die muss sich wichtigtun.« Das kann passieren, wenn man aus der Deckung kommt. Genauso gut kann jemand denken: »Die sitzt mal wieder auf den Infos« oder »Was hat die eigentlich in der Zentrale gemacht? Außer Spesen nichts gewesen?« Frau Becker reiste für dieses Projekt regelmäßig in die Unternehmenszentrale. Alles ist gleich wahrscheinlich. Wir können es sowieso nicht allen recht machen, aber man kann die Perspektive wechseln und die Dinge anders sehen. Im Fall von Frau Becker zeigten regelmäßige, kurz und knapp verfasste E-Mail-Memos

über den Projektfortschritt bald einen sehr positiven Effekt. Mitarbeiter, Kollegen, Vorgesetzte auf dem Laufenden zu halten dient nicht nur der reinen Sachinformation, sondern auch der Kommunikation und damit dem Selbstmarketing.

Gedankenlos eine E-Mail nach der nächsten zu schreiben und den eigenen Betrieb mit E-Mail-Tätigkeitsnachweisen zu fluten ist karrierestrategisch aus zweierlei Gründen nicht klug. Zum einen kommen Sie schnell in den Ruf, dass Sie sich für jeden Kleinkram absichern müssten. Zum anderen vertun Sie Chancen, relevanten Informationen oder guten Arbeitsleistungen ein Gesicht zu geben. Es sind Gesichter, die sich einprägen, nicht Namen. Für Ihr persönliches Marketing ist es ratsam, sich hin und wieder im Chefbüro oder nach Feierabend in der Bar blicken zu lassen und nicht zu einseitig auf das Medium E-Mail zu setzen.

Mit »Management by E-Mail« funktioniert Führung nicht

Ein paar Gedanken zum E-Mail-Dilemma: Alle stöhnen über die tägliche E-Mail-Flut, das Hin-und-Her-Gemaile zwischen zwei Stockwerken oder sogar zwischen benachbarten Büros. Statt zu jammern und so zu tun, als ob es sich hier um eine Naturgewalt handelt, wieso nicht wieder einmal das Telefon in die Hand nehmen oder zwei Türen weitergehen? Mit gutem Beispiel voranzugehen verändert Dinge. Und Sie liegen damit im Trend. Niemand will ernsthaft E-Mails wieder abschaffen, aber die Rückbesinnung auf telefonische oder persönliche Gespräche scheint in vollem Gang. Immer mehr Unternehmen in Amerika und Großbritannien verzichten zu bestimmten Zeiten auf den internen E-Mail-Verkehr, um den persönlichen Kontakt unter Angestellten zu fördern: Für den Mikrochiphersteller Intel ist der Freitag jetzt nicht mehr der »Casual Friday«, sondern der »E-Mail-free Friday«.

Nicht nur Angestellte scheinen kaum noch miteinander zu sprechen, auch viele Führungskräfte verschanzen sich hinter Laptop und Blackberry vor ihren Mitarbeitern und betreiben ein »Management by E-Mail«. Und das nicht nur, wenn der Boss irgendwo am Ende der Welt sitzt, sondern gleich am Ende des Ganges. Man kann sich kaum vorstellen, dass dieser Typ Führungskraft an Mitarbeitern interessiert ist und deren Potenzial entfalten will.

> **Praxistipp: Was Frauen erfolgreich macht**
>
> **DR. SYLVIA KNECHT,**
> Vorstandssprecherin DIS AG:
>
> *»Frauen haben oft den Vorteil, dass sie auch ein wenig ›Diva‹ im Geschäftsleben sein können. Hier können Sie sich auch von anderen Frauen in der Branche gut abheben. Das funktioniert aber nur dann wirklich gut, wenn Sie auch fachlich so überzeugend sind, dass man Ihnen nicht nur die ›Diva‹ nachsagt.«*

Wenn die gute alte Besprechung ein Auslaufmodell ist und wir in Zukunft immer weniger Möglichkeiten zur persönlichen Interaktion haben, heißt das aber auch, dass diese Begegnungen noch an Bedeutung gewinnen werden und wir sie im Sinne der Eigenpräsentation gut nutzen müssen.

Gegen Langeweile am Rednerpult

So wie das Halten von Vorträgen zum Berufsalltag gehört, so gehören auch langweilige Präsentationen und Reden dazu. Haben Sie auch bisweilen nur durchgehalten, weil es hinterher einen Champagner-Empfang oder ein warm-kaltes Büfett gab? Oder um interessante Menschen zu treffen.

Als ich Ende der Neunziger zu neuen beruflichen Ufern nach Frankfurt aufbrach (und schweren Herzens mein geliebtes Hamburg verließ), habe ich in den ersten sechs Monaten zahlreiche Veranstaltungen besucht, um genau dieses zu tun: Kontakte zu knüpfen. Dafür habe ich auch eine Reihe von langweiligen Rednern und Rednerinnen über mich ergehen lassen, bevor es zum geselligen Teil des Abends ging. Nützlicher Nebeneffekt: Da ich dadurch kaum zum Abendessen ausging, hatte ich die geringsten Lebenshaltungskosten seit Langem. Aber ich habe nicht nur gelernt, wie man es nicht machen soll, sondern auch begnadete Referenten und Referentinnen gehört und gesehen, die bis zum letzten Satz ihr Publikum fesselten.

Aus Fehlern anderer lernen (und sie dann bitte nicht machen) ist nicht die schlechteste Strategie, wenn man sich auf einem Gebiet verbessern will. Sabine Asgodom, eine der bekanntesten Trainerinnen Deutschlands, scheint es ähnlich zu sehen. Sie hat in ihrem Buch *Reden ist Gold* die häufigsten Fehler zusammengetragen, die sie bei Rednern und Rednerinnen beobachten konnte.

Typische Fehler bei Rednern

Hier ein Auszug:

- Manche Redner/-innen theoretisieren zu stark, reihen Floskel an Floskel und langweilen ihr Auditorium zu Tode.
- Einige Redner/-innen versuchen, ihre Zuhörer mit Zahlen zu überschütten, die diese natürlich nicht nachvollziehen können. Eine dumme Einschüchterungsmethode, die von Unsicherheit und der Banalität der Ausführungen ablenken soll.
- Manch einer glaubt, er müsste absolut perfekt sein. Leider gehen dabei Spontaneität und jedes Feuer verloren.
- Nicht wenige Redner/-innen meinen, Information und Unterhaltung schlössen sich aus. Genauso trocken werden ihre Vorträge.
- Und einige Vortragende haben einfach keinen Humor.

Drei Wirkungskiller aus eigener Erfahrung, die mir als Zuhörerin immer wieder begegnen:

- Manche Redner/-innen hetzen durch die Beamer-Präsentation, als seien sie auf der Flucht.

- Einige glauben, ihr Publikum behielte mehr von ihrem Vortrag, wenn sie ihren Text noch visualisieren, sprich auf Folie bringen, und ablesen. Schlimmster Fauxpas: Folien wie »Herzlich willkommen« zum Auftakt oder »Vielen Dank« zum Abschluss. Das sollte jeder ohne Hilfsmittel hinbekommen.
- Etliche Referenten und Referentinnen springen unvermittelt ins Thema, ohne ihre Zuhörer einzustimmen und ihren Vortrag in einen Rahmen zu stellen. Bis man weiß, worum es geht, ist die Hälfte des Referats an einem vorbeigerauscht. Die ersten Minuten eines Vortrags sind zweifellos die schwierigsten, aber auch die beziehungsintensivsten, die es zu nutzen gilt.

Ich gebe zu, dass ich, während ich an diesem Kapitel sitze, Redner und Rednerinnen auf Veranstaltungen besonders unter die Lupe nehme. Gestern Abend habe ich ein eindrucksvolles Beispiel für den vom großen Kommunikationspsychologen Paul Watzlawick geprägten Satz »Man kann nicht nicht kommunizieren« erlebt:

Eine Frau (leider) »überbrückte« ihre Redepausen, indem sie das, was ihre Mitstreiter gesagt hatten, mit ständigem Kopfnicken und liebem Anlächeln »kommentierte«. Gegen ein aufmunterndes oder zustimmendes

Kopfnicken ist nichts einzuwenden. Dieses unkontrollierte und unbewusste Kopfnicken erweckte aber den Eindruck, sie würde zu allem Ja und Amen sagen. Man muss nicht unbedingt etwas sagen, um zu kommunizieren. Achten Sie daher nicht nur darauf, wie Sie etwas sagen, sondern auch, wie Sie etwas nicht sagen. Und lächeln Sie nicht, wenn es keinen Grund dazu gibt.

> *Das sagen Frauen:*
> **»Wenn Sie wie ein liebes Lämmchen wirken, locken Sie bissige Wölfe an.«**
> BARBARA BERCKHAN: *Die etwas intelligentere Art, sich gegen dumme Sprüche zu wehren*

Zum Abschluss noch eine Faustformel für den erfolgreichen Auftritt: Um einen Vortrag zu einem erstklassigen Vortrag zu machen, rechnet Präsentationscoach Fleur Wöss mit dem Verhältnis: *»Eine Minute Redezeit braucht eine Stunde Vorbereitung.«*

Schritt 6:
Verkaufen Sie Ihre Ideen

Wir verkaufen ständig irgendetwas – privat wie beruflich. Sei es, dass wir unserem Partner den Wellness-Urlaub auf Rügen schmackhaft machen wollen, unseren Mitarbeitern die knappe Deadline des neuen Projekts, dem Kunden eine Preiserhöhung oder der Geschäftsleitung ein neues Personalentwicklungskonzept.

Gute Ideen zu haben ist eine Sache. Das reicht aber nicht, wir müssen sie auch vermarkten können. *»From tell to sell«,* wie die Amerikaner sagen. Im Arbeitsalltag müssen wir immer wieder Ergebnisse, Erkenntnisse, Einschätzungen oder Empfehlungen vor kleinen oder großen Gruppen präsentieren und so verkaufen. Müssen mit Widerspruch und Ablehnung rechnen. Müssen uns durch Beziehungssysteme, Allianzen und interessengeleitete Koalitionen arbeiten und Verbündete suchen. Auch für eine gute Idee gibt es keine Umsetzungsgarantie.

Gerade in Großunternehmen werden Entscheidungen oftmals zwischen den Ebenen hin- und herjongliert. Es treten Bereichsbedenkenträger oder Besitzstandswahrer auf den Plan. Jeder will seinen Senf dazugeben. Hermann Simon, Unternehmensberater und Autor der Studie *Hidden Champions des 21. Jahrhunderts,* schätzt, dass Manager in Großunternehmen 50 bis 70 Prozent ihrer Energie dafür aufbringen, interne Hürden zu überwinden.

Auch brillante Ideen brauchen Befürworter

Nicht nur Vorgesetzte registrieren genau, ob Sie sich durchsetzen und Ihre Ideen verkaufen können, auch Ihre Leute. Und die wollen Chefs, die das können. Es geht nicht darum, Ihre Vorstellungen gnadenlos durchzuboxen, damit ernten Sie weder Anerkennung noch Beifall. Auch den Chef oder die Chefin durch zu starkes Auftrumpfen – im schlimmsten Fall noch vor Höherrangigen – in den Schatten zu stellen hat noch niemanden weitergebracht. Um nicht missverstanden zu werden, ich plädiere hier nicht für Duckmäusertum oder Jasagerei, sondern dafür, Ideen geschickt zu platzieren, denn sonst sind auch vielversprechende Vorschläge schnell zum Scheitern verurteilt. Vielleicht haben Sie ja das große Vorgesetztenlos gezogen und arbeiten für einen oder eine der wenigen wirklich souveränen Chefs oder Chefinnen. Gratuliere. Einmal in 16 Jahren hatte ich das Glück. Ich konnte schalten und walten, bekam dafür Anerkennung, viele Freiräume und ein gutes Gehalt. Dafür habe ich meinem Boss ab und an mit Anrufen wie »Ich brauche hier mal wieder die Help line 7000« (das war seine Durchwahl) oder »Sie bringen mich da auf eine Idee« zu verstehen gegeben, dass ich die Hierarchie anerkenne und er sich meiner Loyalität sicher sein kann.

Eine gute Idee zu haben, ein gutes Konzept zu entwickeln, ist das eine, für die Umsetzung im Unternehmen ist die interne Akzeptanz maßgeblich. Sonst besteht die Gefahr, dass Ihre gute Idee schnell abgeschossen wird. Vielerorts wird gern betont, dass das Einbringen von Ideen ausdrücklich erwünscht ist, die Realität sieht oftmals anders aus. Es gibt leider immer noch zu wenige Chefs (etwa auch Chefinnen?), die innovative Vorschläge ihrer Leute vertragen und sich neuen Vorhaben gegenüber nicht nur verbal aufgeschlossen zeigen.

Wieso scheitern Ideen? Machen Sie sich bewusst, dass wir mit den meisten neuen Konzepten anderen Menschen auf die Füße treten. Und das nicht nur bei großen Veränderungsvorhaben, sondern auch bei lieb gewonnenen kleinen Routinen. Den Balanceakt zwischen Durchsetzung und Diplomatie gilt es hinzubekommen. Überlegen Sie, wen im Unternehmen Sie einbeziehen und an welchen Stellen Sie Überzeugungsarbeit leisten müssen. Wer kann mit wem, wer hält die Fäden in der Hand, wer steigt gerade auf oder ab? Man muss vernetzt denken und kommunizieren und auf der politischen Ebene agieren. Ob eine Idee aufgegriffen wird, hängt in hohem Maße davon ab, ob Sie vorab den entscheidenden Rückhalt für Ihr Konzept gewinnen können.

Alte Pfründe wahren ist ein menschlicher Reflex
Neue Ideen haben auch immer mit Veränderung zu tun, mit Aufgeben von Althergebrachtem, das stößt nicht unbedingt sofort auf Gegenliebe. Da blocken viele Menschen ab, mauern unterschwellig oder konfrontieren Sie mit Killerphrasen wie: »Wenn Sie länger hier wären, wüssten Sie, dass wir das schon mal versucht haben vor einigen Jahren, hat nicht funktioniert.« Wenn Ihr Vorschlag abgeschmettert wird, heißt das noch lange nicht, dass er nichts taugt. Vielleicht passt er nur Ihrem Vorgesetzten oder Ihrer Kollegin aus dem Controlling nicht ins Konzept. Alte Pfründe wahren ist ein menschlicher Reflex. Wenn Sie Neuerungen einführen wollen, empfiehlt es sich, betroffene oder beteiligte Personen – Ihren Vorgesetzten, Ihre Mitarbeiter oder gleichgestellte Kollegen – rechtzeitig einzubeziehen und nicht vor versammelter Mannschaft im großen Meeting damit

zu überrumpeln. Gezielte Vieraugengespräche im Vorwege sind hier effektiver als Alleingänge.

Ein offenes Wort wird selten belohnt
Um eine Idee gut zu platzieren, müssen Sie die Vorlieben Ihres Chefs oder Ihrer Chefin herausfinden: Ist er oder sie ein Zahlenmensch, dann argumentieren Sie mit übersichtlich erstelltem Zahlenmaterial. Oder haben Sie mehr den verbalen Typ vor sich, der mit Pro und Contra argumentiert? Dann tun Sie es auch. So können Sie stärker auf Ihren Vorgesetzten Einfluss nehmen und Ihre Vorstellung durchbringen, als wenn Sie ihn oder sie an die Wand spielen, womöglich noch vor allen Leuten. Auch im Kollegenkreis werden Sie dafür in der Regel nicht mit Beifall belohnt, sondern mit Abkanzeln bestraft.

Ich habe mich in einer Sitzung einmal getraut (obwohl es eigentlich kein bewusstes Trauen war, sondern ein unüberlegtes Äußern eines Gedankens), auf einen weiteren »Wir sollten«-Appell des Vorstands laut vor mich hin zu denken: »Was machen wir jetzt mit diesem Appell, da fühlt sich doch wieder keiner verantwortlich.« Na, bravo! Sie können sich vorstellen, dass ich ihm damit gewaltig auf die Zehen

getreten bin. Unser Verhältnis war zwar schon vorher nicht das beste, jetzt lag es am Boden. Die nachträglichen Reaktionen im Kollegenkreis:
- *»Du liebe Güte, Barbara, was hast du dir bloß dabei gedacht? Wenn das mal nicht böse endet.«*
- *»Du traust dich was!«*
- *»Dem hast du aber einen Denkzettel verpasst.«*

Dumm gelaufen. Ich hatte dabei gar nichts im Schilde geführt, sondern wollte eine Sache, die wir schon ewig vor uns hergeschoben, nur in Schwung bringen. Mir blieb nur der Wechsel, den ich dann auch neun Monate später vollzogen habe. Die Lektion »Den Boss nicht bevormunden« habe ich gelernt.

Untersuchen Sie Ihr Umfeld, machen Sie eine Analyse: Wer hat welche Interessen in Bezug auf dieses Projekt? Überlegen Sie, wen Sie vorab einweihen sollten, bei wem Sie mit Nachfragen oder Widerstand rechnen müssen und bei wem Sie auf Unterstützung zählen können. Und werben Sie bei diesen Leuten für Ihre Idee. Vergessen Sie auch die Leute nicht, die es vielleicht nur am Rande betrifft. Aus der Sicht der Randbetroffenen kann etwas ganz anders aussehen, als wir es uns vorstellen. Es geht letztendlich nicht um Zustimmung oder Ableh-

> **Praxistipp: Was Frauen erfolgreich macht**
>
> **ISABELL C. KRONE,**
> Director Human Resources Germany,
> Austria & Switzerland, Tele Atlas Deutschland GmbH:
>
> *»Kräfte strategisch dosieren! Setzen Sie Ihre Kräfte strategisch ein, und ›verschießen Sie Ihr Pulver nicht gleich zu Beginn einer Schlacht‹. Frauen haben oft gute und kreative Ideen, die sie in einem Projektmeeting oder Bewerbungsprozess gerne mit anderen teilen. Geht es aber darum, die Projektleitung oder die nächste Führungskraft zu bestimmen, ist dies oft von Nachteil, da sie nur selten noch etwas nachlegen können. Da gehen Männer mitunter viel strategischer heran und geben selten ihr ganzes Können oder Wissen im ersten Schritt preis. Gut verpackte Geschenke erzielen einfach mehr Aufmerksamkeit.«*

nung, sondern um Anerkennung und Wertschätzung anderer Interessen und Bedürfnisse. Menschen mauern meistens nicht der Sache wegen, sondern weil ihnen das Mitspracherecht verwehrt wird.

Verlustängste sind menschlich, und wir alle werden davon beeinflusst. Wenn Sie von Natur aus ein eher vorsichtiger Mensch sind, dann halten Sie Ihre Vorsicht beim Ideenmarketing besser im Zaum. Jede neue Idee hat Vorteile, aber auch Nachteile, und auch die sollte man nicht verschweigen. Übertreiben Sie aber nicht bei den möglichen Verlusten, die mit Ihrem Vorschlag verbunden sind. Damit verbreiten Sie Angst und schließlich Ablehnung.

Überprüfen Sie Ihr Image

Sie erinnern sich an die 10-30-60-Formel, wonach neben dem Bekanntheitsgrad Ihr Image zu 30 Prozent über Ihren Karriereerfolg mitentscheidet? Ihr Image ist ausschlaggebend für Ihre Akzeptanz. Wer angesehen und akzeptiert ist, hat es viel leichter, Veränderungsvorschläge durchzusetzen.

Eine erfolgreiche Key-Account-Managerin, Ines Keller, war zur Vertriebsleiterin aufgestiegen. Nach drei Monaten rief mich ihr Vorgesetzter an. Einige ihrer Leute, die auch zu ihm einen guten Draht hatten, waren empört über ihre ständigen Rotstiftkorrekturen, mit denen die Mannschaft ihre Berichte zurückbekam. »Gewöhnen Sie das der Dame mal schnellstens ab«, so der Auftrag des Vertriebsvorstands.

Als ich Frau Keller in unserem ersten Treffen den Grund für das von oben verordnete Coaching nannte, warf sie mir entgegen: »Und wo ist das Problem? Schließlich ist es meine Aufgabe, meine Leute auf ihre Fehler hinzuweisen.«

»Nur dadurch werden sie besser«, setzte sie nach. Sie hatte ihre Lektion über Führung gelernt. Gute Führungskräfte sorgen dafür, dass ihre Mitarbeiter sich entwickeln und besser werden. »In Rechtschreibung?«, fragte ich. Schweigen. In aller Regel ein gutes Zeichen dafür, dass ein innerer Erkenntnisprozess abläuft. Während wir reden, geht das nicht. Auch bei multitaskingfähigen Frauen nicht.

In erster Linie ging es hier nicht darum, die Mitarbeiter nicht mehr zu ärgern, sondern um das Image, das Ines Keller mit diesen Rotstiftkritzeleien hinterließ. Nämlich das der hoch bezahlten Korrekturleserin, die nichts Besseres mit ihrer Zeit anzufangen weiß. Als wir dann noch darauf kamen, dass ihre Eltern ursprünglich gewollt hatten, dass sie Lehrerin wird – am besten Oberstudienrätin am heimischen Kleinstadtgymnasium –, lachten wir los. Für die Anfangszeit empfahl ich Frau Keller noch einen Bildschirmschonertext »Optimieren statt korrigieren«, um ihrem Reflex zu entkommen und Rückfälle zu vermeiden. Beim Follow-up-Gespräch nach vier Wochen scherzte sie, dass seit Kurzem sogar das Zucken in der rechten Hand aufgehört habe. Nach weiteren drei Monaten war die Zeit reif für die geplante Umstrukturierung des Vertriebsbereichs, die Frau Keller nach unserem ersten Gespräch auf Eis gelegt hatte. Ihr war dabei klar geworden, dass sie zunächst auf zwischenmenschlichem Terrain Zeichen setzen und für Akzeptanz sorgen musste. So war der Weg zwar noch nicht frei, aber geebnet für die anstehende Reorganisation, die sie in den folgenden Wochen mit intensiver Überzeugungsarbeit erfolgreich nach unten, nach oben und an involvierte Kollegen verkaufte.

Schritt 7:
Knüpfen Sie Kontakte

»Der Schlüssel zum Erfolg sind nicht Informationen, das sind Menschen.« Dieser Satz des Auto-Management-Gurus Lee Iacocca, des ehemaligen Ford-Präsidenten und Chrysler-Chairmans, lässt sich auch auf das Erfolgsprinzip Netzwerken übertragen. Denn die entscheidenden Hinweise oder Insider-Informationen erhalten wir meistens von Menschen.

Immer wieder wird Frauen empfohlen, sich stärker zu vernetzen. Manche Studien belegen, dass Frauen die besseren Netzwerkerinnen sind, andere bescheinigen ihnen geringere Netzwerkfähigkeiten im Vergleich zu Männern – vor allem auf geschäftlicher Ebene. Während Frauen privat gern Ärzte oder Hairstylisten weiterempfehlen, sind sie bei Businesskontakten eher zurückhaltend, fehlt es ihnen an Beziehungs-, Informations- und Fördernetzen, wie sie Männer traditionell pflegen.

In diesem Zusammenhang ein interessantes Forschungsergebnis: Studien haben gezeigt, dass Frauen miteinander telefonieren, um sich über ihr Befinden auszutauschen, Männer rufen ihre Freunde an, wenn sie eine Information brauchen. Und dieses Anzapfen von Informationen – womit natürlich keine Betriebsgeheimnisse gemeint sind – sollten wir ruhig öfter betreiben. Die meisten Menschen fühlen sich geschmeichelt, wenn sie jemand um einen Gefallen bittet.

Nun ist meines Wissens auch nicht jeder Mann per se ein begnadeter Netzwerker. Deshalb erwarten Sie von mir hierzu keine endgültige Antwort, aber einige Erfahrungen, Beobachtungen und Tipps zum Erfolgskonzept Networking habe ich für Sie parat.

Sehen und gesehen werden

Wie schon mehrfach erwähnt: Gehen Sie vor die Bürotür. Verlassen Sie Ihre vier Wände, um Kontakte zu knüpfen und Informationen zu erhalten, zu denen Sie sonst vielleicht keinen Zugang hätten. Es sind oftmals die informellen Nachrichten, die wichtig sind. Schaffen Sie Möglichkeiten, gesehen zu werden, damit es zu den beiläufigen Gesprächen kommt, die die Basis für Beziehungen sind. Ein persönliches Unterstützer-Netzwerk ist etwas außerordentlich Nützliches und verschafft Ihnen viele Vorteile: Erfahrungsaustausch, Impulse und Ideen, neue Sichtweisen, Synergien, voneinander lernen und miteinander Geschäfte machen.

Das Schöne am Netzwerken: Ein persönliches Kontaktnetz öffnet Türen. Wenn man erst einmal anfängt, ergibt sich schnell ein Multiplikatoreffekt, und Sie erhalten Zugang zu weiteren Netzen und neuen Kontakten.

Sie sagen wieder einmal die Tagung mit anschließendem Dinner ab oder lassen die Vernissage sausen, weil Sie bis über beide Ohren in Arbeit stecken? Manche Menschen – darunter auch viele Männer – flüchten sich gern in Fachkenntnisse, statt Beziehungsaufbau und Netzwerkpflege zu betreiben. »Entschuldigung, dafür habe ich keine Zeit«, heißt es dann, »das hält mich nur von der eigentlichen Arbeit ab.«

Kontaktkompetenz für die Karriere

Netzwerken *ist* Arbeit, und Netzwerktermine sollten Sie als echte Geschäftstermine betrachten. Denn sonst gehen Ihre Kontaktpflegeaktivitäten im Tagesgeschäft unter und Ihre Beziehungen über kurz oder lang baden. Legen Sie lieber hin und wieder eine Nachtschicht beim Networking ein als im Büro. Vor allem als Führungskraft gehört Kontaktmanagement zum eigentlichen Kern Ihrer Aufgaben. Persönliche Verbindungen liefern Ihnen wichtige Unterstützung, Feedback, Zugang zu Informationen und Geschäftspartnern, Austausch und Ansehen.

Das sagen Männer:
»Ihr Berufsleben ist ein Beziehungsleben! ... Ihre Begabung, Ihre fachlichen Fähigkeiten und Ihr Einsatz können noch so hoch sein, ohne entsprechende Beziehungen haben Sie keine Chance auf wirklichen Erfolg.«
STEFAN F. GROSS: *Beziehungsintelligenz*

Frauen denken oftmals: »Ich will nicht aufsteigen, weil ich jemanden kenne, sondern weil ich gut bin.« Wenn Sie gut sind und Sie keiner kennt, haben Sie aber ein Problem. Ein stabiles Netzwerk hat nichts mit anrüchigem Vitamin B oder Vetternwirtschaft zu tun, sondern viel mit sozialer Kompetenz. Beziehungsnetze belegen, dass Sie ein Teamplayer sind. Führungskräfte brauchen die Fähigkeit, andere für sich und die eigenen Ideen und Ziele zu gewinnen. Kontaktkompetenz ist deshalb bei Führungskräften quasi so etwas wie ein beruflicher Qualifikationsausweis. Oder wie es der Managementautor Gilles Azzopardi auf einem Buchtitel ausdrückt: *»IQ may get you a job, EQ will get you promoted.«*

Führungskräfte verfügen über ein über Jahre hinweg aufgebautes inner- und außerorganisatorisches Netz vielfältiger Beziehungen, Geschäftskontakte und Informationsquellen, sind Mitglieder in Verbänden, Alumni-Clubs und anderen exklusiven Zirkeln. Einer ihrer essenziellen Erfolgsfaktoren: Sie bringen Beziehungen mit, und diese Beziehungen bringen sie weiter.

Vielfalt der Kontakte ist entscheidend

Der Mix macht's: Achten Sie auf eine Vielfalt von Verbindungen. Knüpfen Sie Kontakte nicht nur im Kreis

Ihrer Kollegen oder Ihres Berufsumfeldes, sondern in verschiedenen Bereichen. Menschen aus anderen Branchen und mit anderer Ausbildung bringen andere Denkweisen und anderes Know-how mit. Das schult auch die interpersonale Kompetenz. Eine Vielfalt an Kontakten aus Wirtschaft, Politik, Kultur, Sport usw. bringt eine Vielfalt an Informationen, Impulsen und Wissen.

Natürlich müssen Sie für Ihr Tagesgeschäft funktionierende Arbeitsbeziehungen mit Ihren engsten Mitspielern und Mitspielerinnen, mit Kunden oder Lieferanten aufbauen, um an relevante Informationen zu kommen. Und das möglichst schnell auf dem »kurzen Dienstweg«. Damit sparen Sie nicht nur Zeit, sondern machen sich auch das Leben und vor allem das berufliche Vorankommen leichter. Zudem ist ein verlässliches Netzwerk immer auch ein persönliches Frühwarnsystem, um rechtzeitig Wind zu bekommen von betrieblichen Veränderungen oder aufkommenden Themen.

Schlüsselbeziehungen erkennen und entwickeln

Schauen Sie sich um, wer unter, neben und über Ihnen steht, und bauen Sie Beziehungen zu diesen Personen auf. Die Top-down-Richtung – vom Vorgesetzten zum Mitarbeiter – ist eine wichtige Achse, aber nicht die alles und allein entscheidende. Verlieren Sie angrenzende Bereiche nicht aus den Augen, und denken Sie auch an Akteure außerhalb des beruflichen Umfeldes. So entsteht ein Multiplikatoreffekt, der Ihnen neue Verbindungen schafft. Dadurch wiederum erhöht sich Ihr Bekanntheitsgrad im Unternehmen, in der Branche, in den Medien. Ein Beispiel:

Annette Kluge, Teamleiterin in einem Handelskonzern, kam zu mir ins Coaching, weil sie sich bei der Besetzung einer Bereichsleitungsstelle zum zweiten Mal übergangen fühlte. Da sie sich diesen Karrierestillstand nicht erklären konnte, hatte sie das Gespräch mit ihrem Personalmanager gesucht. Dabei kam heraus, dass sich beim Versuch, sie für höhere Führungsaufgaben ins Gespräch zu bringen, gezeigt hätte, dass man ihr Können und ihre Leistungen durchaus schätzte, ihr im Unternehmen aber die Lobby für einen weiteren Karrieresprung fehlte. Man hatte Frau Kluge nicht im Hinterkopf, wenn es um die Nachfolgefrage ging.

Was war schiefgelaufen? Bei der Übernahme der Abteilungsleitung vor fünf Jahren hatte sich Kluge weiterhin auf ihre Fachkompetenz verlassen, dabei aber die Dinge vergessen, auf die es wirklich ankommt: sich im Konzern bekannt zu machen, ihre guten Leistungen und Ergebnisse zu verkaufen und damit intern für Ansehen und Akzeptanz zu sorgen, statt sich bienenfleißig im Büro einzuschließen. Ihr fehlte es nicht an Willen oder Motivation, sie hatte es versäumt, Marketing in eigener Sache zu betreiben und sich im Unternehmen geschickt zu verdrahten.

Ein typisch weibliches Phänomen? Ich möchte es so ausdrücken: ein typisches Phänomen, das bei Frauen häufiger auftritt und das gerade am Anfang der Karriere häufig unterschätzt wird. Auch meine Klientin litt am »Dornröschen-Syndrom«. Insgeheim hatte sie gehofft, dass ihr Können und ihre guten Leistungen irgendwann schon entdeckt und sie erwählt werden würde. Doch der Prinz, der uns wachküsst, kommt im Business bekanntlich selten vorbei. Wir müssen vor die Tür gehen und uns auf den Bürobühnen blicken lassen.

Das sagen Frauen:
»Im Unterschied zu ihren aufstiegsorientierten männlichen Kollegen hoffen viele Frauen auf das stille Wunder des Erwähltwerdens. Frei nach dem problematischen Motto: Wenn ich monatelang Überstunden

leiste, selbstverständlich unbezahlt, und heroisch auf jeden Brückentag verzichte, dann wird das oben wohlwollend vermerkt und auf meinem Pluskonto angerechnet. Wird es in der Regel aber nicht. ...
Der zynisch anmutende zweite Effekt solchen dienenden Verhaltens: Für eine Leitungsfunktion empfiehlt sich die gute Frau nicht, denn sie kann ja offensichtlich nicht delegieren.«
URSULA KALS: *FRAUEN. Keine falsche Bescheidenheit!*

Wie ging es weiter? Bei Annette Kluge ging es darum, das Image des fleißigen Lieschen abzulegen und sich neu zu positionieren. So wie eine Umpositionierung bei Marken zu den schwierigsten Unterfangen im Marketing gehört, hält sich auch ein einmal entstandenes Bild bei Menschen hartnäckig. Es war mehr als fraglich, ob der Imagewechsel im Unternehmen gelingen könnte.

Annette Kluge war aber bereit, diese Herausforderung anzunehmen und im Zweifel eine neue Aufgabe außerhalb der Firma zu suchen. Nach zehn Monaten intensivem Selbstmarketing und Networking warb sie ein namhaftes Unternehmen als Marketingleiterin Central Europe ab, das auf einem Fachkongress auf sie aufmerksam geworden war.

Dort hatte Frau Kluge im Rahmen der erarbeiteten Selbstvermarktungsstrategie einen Vortrag über »Kundenfokussiertes Marketing in der Konsumgüterbranche« gehalten, in den sie viel Vorbereitung gesteckt hatte. »Das ist meine große Chance«, sagte sie entschlossen und griff zu. In ihrem neuen Job ist sie mittlerweile groß herausgekommen, glänzt mit fachlichen Leistungen genauso wie mit gekonnter Selbstdarstellung.

Gewusst wann

Es gibt Menschen, die haben den Netzwerkgedanken in die Wiege gelegt bekommen und ein Kontaktnetz gleich dazu. Die Zusammenarbeit mit einem Vertreter eines alten Adelsgeschlechts war in dieser Hinsicht sehr aufschlussreich. Angenommen, Sie gehören nicht zu diesem erlesenen Kreis, dann sollten Sie sich frühzeitig mit Beziehungsaufbau und Beziehungspflege beschäftigen und nicht erst, wenn Sie sich nach einem neuen Job umsehen müssen oder Auftragsflaute herrscht. Das heißt nicht, dass man jede Visitenkarte, die man erhält, weiterverfolgen soll, aber im Schnelldurchgang bekommt man gute Kontakte auch nicht.

Kontakte sammeln reicht nicht
Wer auf Veranstaltungen mit der Tür ins Haus fällt, nur Visitenkarten verteilen oder einsammeln will, macht sich schnell unbeliebt. Wie beim Speed-Dating eine – wenn auch nur innere – Checkliste abzuhaken und nach fünf Minuten zum nächsten Gesprächspartner zu hüpfen hat nichts mit Netzwerken zu tun. Kontakte wollen kontinuierlich gepflegt und aufgebaut sein.

Nicht umsonst haben sich Visitenkartenpartys aus der Ära der New Economy wieder totgelaufen und ist so genanntes Turbo- oder Speed-Networking schnell in der Versenkung verschwunden. Bauen Sie gute Beziehungen auf, bevor Sie sie nötig haben.

Beziehungen schaden nur dem, der keine hat
Nach einer Studie des Instituts für Arbeitsmarkt- und Berufsforschung kamen 2006 ein Drittel aller Neueinstellungen über persönliche Kontakte zustande. Auch wenn Sie sich aktuell nicht nach einer neuen Stelle umschauen wollen oder müssen, lassen Sie sich die Frage »Wen kann ich anrufen, wenn ich einen Job brauche?« durch den Kopf gehen, und listen Sie die in Betracht kommenden Personen auf. Kommen Sie auf weniger als zehn, dann haben Sie hier Handlungsbedarf.

> **Klärungsfrage**
>
> Karrierekontakte: In welche Unternehmen habe ich oder haben die Kontakte meiner Kontakte Verbindungen?
>
> _____
>
> _____
>
> _____
>
> _____

Kirsten Dräger lernte auf einem Arbeitsrechtsseminar den Vorgänger ihrer jetzigen Personalleiterstelle kennen. An die interessanten Gespräche an der Bar erinnerte er sich einige Monate später, als er sich selbst beruflich verändern wollte, nahm mit ihr Kontakt auf und empfahl Frau Dräger für seine frei werdende Position.

Auch ein einmaliger Kontakt kann Karrierechancen bringen, wenn man einen guten Eindruck hinterlässt.

> **Praxistipp: Was Frauen erfolgreich macht**
>
> **CHRISTA STIENEN,**
> Head of Corporate People Development, METRO AG:
>
> »Nutzen Sie sämtliche Gelegenheiten, sich bekannt zu machen und sich zu vernetzen. Oft sind es die ›kleinen‹ Begegnungen, die Ihnen nachher nützlich sind.«

Gewusst wo

Es ist ein Irrglaube anzunehmen, dass Netzwerken nur da stattfindet, wo Netzwerken draufsteht. Wir netzwerken ständig und überall: bei jeder Besprechung, jedem Kundenkontakt, beim Geschäftsessen, im Flieger genauso wie im Fitnessclub, mit jedem Telefongespräch und in jeder E-Mail. Familie und Freunde sind ebenfalls Netzwerke. Was aber nicht bedeutet, dass man jeden Kontakt zur besten Freundin machen sollte. Unterscheiden Sie Privates von Businessthemen.

Wo nun fündig werden? Welches Netzwerk das richtige ist, hängt im Wesentlichen davon ab, was Sie erreichen wollen. Da ist es also wieder: das Ziel. Legen Sie fest, was Sie mit Ihrem Netzwerkengagement bezwecken. Wollen Sie in Ihrer Branche bekannter werden, sich in

Ihrem Fachgebiet auf dem Laufenden halten, neue Impulse von außen bekommen, sich mit Gleichgesinnten austauschen, sich ehrenamtlich engagieren, Entscheider für Ihre Dienstleistung interessieren, das Angenehme mit dem Nützlichen verbinden: mehr Sport treiben, kulturelle oder genussreiche Abende verbringen?

Listen Sie Ihren Grundstock an Kontakten auf, und schauen Sie, wo Sie Lücken in Bezug auf Ihre Ziele haben. Gezielt Netzwerk-Löcher aufzufüllen hat nichts mit Berechnung zu tun, sondern mit einem strategischen Aufbau von Geschäftskontakten. Was nützt Ihnen die dritte Steuerberaterin unter Ihren persönlichen Kontakten, wenn Sie lieber eine Fachfrau für Marketing kennenlernen möchten. Dass Sie den Kontakt dann aufbauen und pflegen müssen, ist eine andere Sache, zu der ich weiter unten komme.

> **Klärungsfrage**
>
> Mein(e) Netzwerkziel(e):
>
> _____
>
> _____
>
> _____
>
> _____

Sobald Sie wissen, was Sie wollen, können Sie sich auf Informationstour begeben und nach in Frage kommenden Netzwerken, Berufs- und Branchenverbänden, Wirtschaftsvereinigungen, Interessengemeinschaften, Clubs oder Vereinen recherchieren. Besuchen Sie Gastveranstaltungen, hören Sie sich um, sprechen Sie mit Mitgliedern, lesen Sie die Satzung. Genauso wie das Durchforsten von Kontakten zum Netzwerken gehört, gehört auch das Abtasten dazu. Aber irgendwann sollten Sie die Phase des Schnupperns beenden und sich verpflichten, denn nur dann gehören Sie dazu.

Den größten Nutzen ziehen Sie aus Ihrer Mitgliedschaft, wenn Sie Ämter und Aufgaben übernehmen, weil Sie an diesen Knotenpunkten mit vielen Leuten in

Kontakt kommen. Natürlich wird man einem Neuling nicht gleich den Vorstandsposten überlassen, aber es werden bestimmt noch Helfer für die Ausrichtung des Sommerfestes oder der nächsten Mitgliederversammlung gebraucht. Auch Netzwerke haben Strukturen und Rangordnungen, die sich im Laufe der Zeit gebildet haben. Und man muss sich dort erst bekannt machen. Am besten, indem Sie sich engagieren, einen Nutzen, ein spezielles Know-how einbringen, sich gut verkaufen und geschickt verdrahten. Eines setzt Netzwerken immer voraus: Es muss ein echtes Interesse vorliegen, und Sie müssen das, was Sie gerne tun, mit diesen Personen teilen.

Auf einer Fortbildungsveranstaltung können wir genauso auf interessante oder relevante Menschen treffen wie auf einer Vernissage. Ausschlaggebend ist für mich allerdings, dass mich Thema oder Künstler wirklich interessieren. Nur eventueller Kontakte wegen irgendwo hinzugehen ist aus meiner Sicht kein motivierendes Ziel. Da ist der Frust programmiert.

Frauennetzwerke als Allheilmittel?
Netzwerke für Frauen werden hier nicht detailliert beschrieben. Darüber gibt es bereits ausreichend Literatur,

und sie lassen sich leicht ergoogeln. Dennoch kann und soll dieser Abschnitt nicht ohne ein paar Worte über Frauennetzwerke enden. Die Zeiten, in denen Frauenbündnisse als Allheilmittel gegen die Unterrepräsentanz von Frauen in Führungspositionen galten, sind zwar vorbei, trotzdem können Frauen im Wirtschaftsleben von ihnen profitieren. Wann immer ich gefragt werde, ob ein gemischtes Netzwerk für die Karriere nicht besser sei als ein Frauennetzwerk, ist meine Antwort: Mit einem Netzwerk kommt man sowieso nicht aus, deshalb stellt sich die Frage für mich überhaupt nicht. Frauennetzwerke stellen eine zusätzliche Möglichkeit dar, Informationen und Tipps zu bekommen und sich gegenseitig weiterzubringen – und um neben der fachlichen Unterstützung auch emotionale zu erhalten. Die Damen, die ständig beklagen, dass in den Frauenclubs zu wenige Ressourceninhaberinnen sitzen, die über Jobs oder Budgets entscheiden können, sollen reingehen und dafür sorgen, dass sich das ändert. Aber auch für Frauennetzwerke gilt: Testen Sie sie, und klopfen Sie sie auf eigene Zielvorstellungen ab.

Gewusst wie

Einerseits war es noch nie so leicht wie heute, mit einem anderen Menschen überall und jederzeit in Kontakt zu treten, andererseits brauchen gute Beziehungen Zeit, Pflege und persönliche Begegnungen. Eine gelungene Begegnung erfordert Höflichkeit, Freundlichkeit, Wertschätzung, Aufmerksamkeit und Präsenz. Wir merken schnell, ob jemand mit seinen Gedanken ganz woanders ist, den Raum nach interessanteren Gesprächspartnern absucht oder möglichst schnell zur Sache kommen will. Beziehungsaufbau setzt immer ein echtes Interesse voraus.

Virtuell finden sich schnell Netze, der Beziehungsaufbau bleibt gleich

Beziehungen lassen sich weder nur nach karriereförderlichen Kriterien oder Effizienzgesichtspunkten gestalten, noch können sie dauerhaft auf direkten menschlichen Kontakt verzichten. Auch aus dem virtuellen Business-Netzwerk XING haben sich mittlerweile zahlreiche Gruppen organisiert, die auf Eigeninitiative an verschiedenen Standorten zusammenkommen. Das Finden geht heutzutage schneller, die Prinzipien des Beziehungsaufbaus bleiben aber nach wie vor dieselben.

Dass Netzwerken nicht schnell geht, hatte ich schon erwähnt. Das Langfristprinzip sollte man aber nicht falsch verstehen. Wer auf einem Netzwerk-Event auf eine abendfüllende Konversation hofft, sollte sich lieber mit einer guten Freundin verabreden. Verdonnern Sie niemanden dazu, Ihnen den ganzen Abend zuzuhören. Sollte das Ihnen passieren, dann verschaffen Sie sich einen eleganten Abgang. Jemanden einfach stehen zu lassen oder irgendwelche Ausflüchte zu stammeln und auf Nimmerwiedersehen am Büfett zu verschwinden zeugt nicht von guter Kinderstube. Sie möchten schließlich auch nicht, dass man so mit Ihnen umgeht. Zum höflichen Umgang untereinander gehört auch, dass man Neuankömmlinge begrüßt und bekannt macht, dass man Menschen zusammenbringt. Und sich taktvoll verabschiedet. Sie müssen sich nicht dafür entschuldigen, dass Sie noch mit anderen Gästen reden möchten, also sagen Sie ruhig, dass Sie noch andere Teilnehmer begrüßen möchten. Bedanken Sie sich für die nette Unterhaltung, und bei echtem Interesse bieten Sie den Austausch von Visitenkarten an. Wenn nicht, dann nicht. Sollte der Vorschlag von Ihrem Gegenüber kommen, dann erfüllen Sie ihm oder ihr den Wunsch. Visitenkarten nach amerikanischem Vorbild »Don't call us. We call you« sind hierzulande Gott sei Dank kaum verbreitet.

Das sagen Frauen:
»Unterschiedliche Meinungen und Ideen sind prima und bereichern. Was Sie nicht gebrauchen können, sind hingegen Miesmacher, Pessimisten, ewig Befindliche und unheilvoll unkende Besserwisser. Sie brauchen auch keine Menschen um sich herum, die sich auf die schlechte Luft, die beschränkte Aussicht im Tagungsraum und den abgestandenen Kaffee konzentrieren oder sich über die Preise echauffieren. Umgeben Sie sich vielmehr mit optimistischen Zeitgenossen, die den Blick für das große Ganze nicht verlieren.«
MONIKA SCHEDDIN: *Erfolgsstrategie Networking*

Zum guten Ton unter Netzwerkpartnern gehört es auch, sich zu bedanken. Wenn Ihnen jemand einen Hinweis geliefert oder einen Kontakt hergestellt hat, dann bedanken Sie sich, und halten Sie Ihre Kontaktperson auf dem Laufenden, was daraus geworden ist. Erkennen Sie an, dass jemand für Ihr Anliegen Zeit investiert hat und eventuell auch Geld. Es muss nicht immer das große Blumenbouquet oder die dicke Essenseinladung sein, ein spontaner Anruf oder eine handgeschriebene Karte tun es auch. Oder organisieren Sie etwas. Vielleicht ist Ihr »Tippgeber« Opernfan, und es ist aussichtslos, an Premierenkarten zu kommen. Sie haben aber einen Schwager, der an der Quelle sitzt. Das heißt ja noch lange nicht, dass Sie die Karten auch zahlen. Die meisten Menschen wissen solche Organisationskunststücke mehr zu schätzen als etwas Gekauftes.

Natürlich gibt es Gelegenheiten, da genügt ein geschriebenes oder gesprochenes Dankeswort nicht. Zum Beispiel dann, wenn Sie einem Geschäftspartner einen Auftrag vermittelt haben. Dann ist eine Provision angemessen. Sollte die Person das nicht von sich aus anbieten, sprechen Sie sie darauf an. Dabei hilft, sich klarzumachen, dass es sich nicht nur um einen neuen Auftrag handelt, sondern in der Regel auch um einen Neukunden. Wenn Sie hier lange schachern müssen, sollten Sie sich überlegen, ob dieser Kontakt der richtige ist.

Netzwerken lebt vom Prinzip der kleinen Dinge, die Großes bewirken. Das bedeutet auch, dass wir uns nicht nur dann an jemanden wenden, wenn wir ein Problem haben oder eine Information benötigen, sondern auch ohne konkretes Anliegen in Kontakt bleiben. Schicken Sie Informationen, laden Sie ein, entwickeln Sie kleine Rituale. Menschen vom Stamme Nimm sind in Netzwerken nicht gern gesehen und werden auch nicht lange geduldet. Manchmal vergessen wir, dass wir auch Nein zu jemand sagen können. Tun Sie es, wenn Sie es für richtig halten, statt sich dauernd über undankbare Zeitgenossen zu ärgern.

Letztendlich kommt es auch beim Networking auf die innere Einstellung an. Wenn Sie sich halbherzig aufraffen und eigentlich davon überzeugt sind, dass »dabei doch sowieso nichts herauskommt« oder »die bestimmt schon genug Steuerberaterinnen in ihrem Kreis haben«,

> **Praxistipp: Was Frauen erfolgreich macht**
>
> **HEIKE FÖLSTER,**
> Direktorin Finance & Accounting, Germanischer Lloyd:
>
> *»Bedeutung und Wert des Networkings lassen sich schwer vorausplanen, denn die geknüpften Kontakte führen häufig zu Ergebnissen, die zuvor nicht erwartet worden sind und auch in der Nachbetrachtung zunächst ganz abwegig erscheinen. Das Geheimnis des Networkings besteht aber gerade darin, Wege und Optionen aufzuzeigen, die vorher undenkbar schienen. Deshalb sollte man sich davon lösen, mit dem Netzwerken konkrete Ziele zu verfolgen. Es ist lediglich wichtig, weitschweifig zu denken und die grobe Richtung anzupeilen. Die Ergebnisse werden Sie positiv überraschen.«*

dann wird der Abend oder das Treffen mit aller Wahrscheinlichkeit auch das befürchtete Resultat bringen. Das Prinzip der sich selbst erfüllenden Prophezeiung funktioniert auch beim Networking.

Vom Small Talk zum Big Business

Mit dem Thema Networking unweigerlich verbunden ist der Small Talk. Ein Wort, bei dem wir Deutschen schnell in Abwehrhaltung gehen, das wir für den Inbegriff von oberflächlichem, seichtem Gerede halten. Guter Small Talk ist tatsächlich etwas Leichtes, aber bis er das ist – Naturtalente ausgenommen –, ist es harte Arbeit. Anders als Amerikanern und Engländern wird uns Deutschen die Fähigkeit zur zwanglosen Unterhaltung nicht in die Wiege gelegt. Das lockere Geplauder ist aber unentbehrlich für gelungenes Networking und gute Geschäftsbeziehungen.

Beim Small Talk geht es um Kontaktaufnahme mit mehr oder weniger fremden Menschen. So wie es Flirtkurse gibt, gibt es auch Small-Talk-Kurse fürs Business. Investieren Sie im Zweifel in ein Seminar oder in ein Buch. Das Geld ist auf jeden Fall gut angelegt. Und: üben –

üben – üben. Auf unverfänglichem Terrain – mit dem Zugnachbarn, an der Supermarktkasse oder im Fahrstuhl. Small-Talk-Situationen gibt es praktisch immer.

Das sagen Frauen:
»Wer mit hoher Sachkompetenz berufliche Erfolge erzielt, tut Small Talk oft als oberflächliche Zeitverschwendung ab. Wie schade! Denn die große Kunst der kleinen Unterhaltung ist ein elegantes Mittel, um Türen zu öffnen und auf angenehme Weise Zeit zu verbringen.«
ELISABETH BONNEAU: *Erfolgsfaktor Small Talk*

Wie nun ins Gespräch kommen? Statt sich Eröffnungssätze wie Vokabeln anzutrainieren, empfiehlt es sich, naheliegenden Gesprächsstoff zu wählen. Vielleicht interessieren Sie sich für Architektur? Dann schauen Sie sich um, was die Veranstaltungsräumlichkeiten besonders auszeichnet. Bilder eignen sich ebenfalls hervorragend, sie hängen überall, und man muss kein Kunstexperte sein, um einen Gesprächsball in die Runde zu werfen: Was der Künstler wohl damit ausdrücken wollte? Beeindruckende Bilder – welches würden Sie sich ins Büro hängen, wenn Sie eins auswählen könnten? Schulen Sie die eigene Beobachtungsgabe, und nutzen Sie das für einen Gesprächseinstieg, was Ihnen gerade auffällt.

Der Klassiker unter den Small-Talk-Themen: die Anreise. Grundsätzlich gilt, offene statt geschlossene Fragen zu stellen. Also: Wie sind Sie angereist? Statt: Sind Sie auch mit der Bahn gekommen? Und dann gleich noch das Füllhorn schlechter Erfahrungen mit der Deutschen Bahn hinterherzukippen. Das will niemand hören, der sich auf einen angenehmen Abend oder eine entspannte Veranstaltung freut.

Small Talk beginnt mit Interesse am anderen
Der Unterschied zwischen der offenen und der geschlossenen Fragetechnik ist nicht nur, dass das geschlossene Fragen in der Regel eine Ja- oder Nein-Antwort bringt, sondern hat auch mit dem Interessenfokus zu tun. Bei der offenen Frage zielt Ihr Interesse auf Ihr Gegenüber, bei der geschlossenen stellen Sie Ihre Anreise in den Vordergrund. Das macht den Unterschied! Small Talk beginnt mit der Bereitschaft, sich für den anderen zu interessieren. Oder wie Marie von Ebner-Eschenbach klug formulierte: *»Solange man selbst redet, erfährt man nichts.«*

Komplimente sind die halbe Miete. Aber auch hier gilt es, konkret zu sein. Und ehrlich. Bewundern Sie nicht die ausgefallene Kette, wenn Sie sie abscheulich finden. Wenn Sie bei einer Tagung mit dem Referenten in Kontakt kommen wollen, dann ist »Ihr Vortrag hat mir gut gefallen« zwar ein nettes Kompliment, aber leider kein geschickter Gesprächsöffner, weil der arme Referent eigentlich gar nichts anderes antworten kann als: »Vielen Dank.« Sie können beispielsweise sagen: »Ihre Ideen zu XY haben mir gut gefallen, denn ich überlege auch...« Oder: »Ihre These über XY fand ich interessant. Ich würde mich freuen, wenn wir das Thema an anderer Stelle vertiefen könnten.« So kommt das Gespräch in Schwung.

Und dann gibt es natürlich Tabuthemen: Krankheiten, Sex, Gehalt. Anders als in Amerika, wo man Menschen für ihr hohes Einkommen bewundert, hält man sich hierzulande mit Auskünften oder Fragen zum Gehalt eher zurück. Und was man tunlichst auch lassen sollte: schlecht über den aktuellen oder ehemaligen Arbeitgeber zu reden. Diese Erfahrungen haben weder in einem Bewerbungsgespräch noch im Small-Talk-Spektrum etwas zu suchen.

Mir ist es auf einem Empfang passiert, dass eine Frau, die von ihrem kürzlichen Unternehmensausstieg erzählte, mir auf die Nachfrage »Und wieso haben Sie das Unternehmen verlassen?« antwortete: »Weil es mich krank gemacht hat.« Und dann brach es aus ihr heraus. Natürlich ist es schlimm, wenn Menschen durch ihre Arbeit krank werden, aber so mit der Tür ins Haus zu fallen, sollte man sich unter mehr oder weniger fremden Menschen verkneifen. Dazu sind gute Freundinnen da. Unabhängig davon, dass man nie weiß, wen der andere alles kennt.

Schritt 8:
Investieren Sie

Erfolg folgt auf Tun
Niemand erwartet, dass wir mit Übernahme einer Führungsposition oder einer neuen Aufgabe alles wissen und können. Sehr wohl wird aber von uns erwartet, dass wir das, was uns noch fehlt, lernen. Dass wir in uns selbst und unsere Weiterentwicklung investieren: Führungskompetenz entwickeln, Managementtechniken erlernen, unser Zeit- und Selbstmanagement stärken, an unserer

Persönlichkeit arbeiten. Wenn Sie das Glück haben, dass Ihr Arbeitgeber bei Personalentwicklungsprogrammen spendabel ist, umso besser. Wenn nicht, müssen Sie Ihre persönliche Weiterentwicklung selbst organisieren. Professionelle Unterstützung leisten Bücher, Seminare, Trainings, Experten – je nach Lernstil und Geldbeutel. Seien Sie skeptisch gegenüber Angeboten, die Erfolg »ohne große Trainingszeit« verheißen. Es gibt keinen schnellen Weg. Erfolg haben ist kein Ereignis, sondern ein Prozess. Amerikanische Forscher haben herausgefunden, dass wir Menschen durchschnittlich 50 Impulse benötigen, bevor wir etwas verändern. Also, keine Panik, wenn es nicht von heute auf morgen klappt.

Das Angebot zum Ausbau fachlicher, methodischer und persönlicher Kompetenzen ist riesig und kann hier unmöglich abgedeckt werden. Da Auftreten, Aussehen, Körpersprache vor allem bei Frauen immer eine große Angriffsfläche bieten, ein paar Denkanstöße dazu.

Optik und Outfit

Erinnern Sie sich noch, wie im Frühjahr 2008 das Dekolleté der Kanzlerin Angela Merkel um die Welt ging? Zugegeben, der Ausschnitt war tief, ob er nun für den Anlass – die Eröffnung der Osloer Oper – zu tief war, sei dahingestellt. Im Business sind große Dekolletés tabu, ebenso wie kurze Röcke oder durchsichtige Stoffe. Damit ziehen Sie wahrscheinlich bewundernde Blicke auf sich, Sie sollten im Büro aber für anderen Gesprächsstoff sorgen.

Mit Kleidung Kompetenz unterstreichen, nicht vorgeben
Ja, Kleider machen Leute, und Menschen haben sie schon immer als Mittel eingesetzt, um etwas über sich und ihren gesellschaftlichen Status auszusagen. Natürlich kann man sie auch wie der arme Schneider in Gottfried Kellers Novelle einsetzen, um erfolgreicher und einflussreicher zu wirken, aber das entpuppt sich auch im wahren Leben schnell als Mogelpackung. Man kommt nicht einfach durch Karrierestyling nach oben, aber einem guten Inhalt kann man getrost auch eine gute Verpackung geben. So wie sich Qualifikation und Leistung mit gutem Selbstmarketing ergänzen lassen, lässt

sich Kompetenz mit Kleidung unterstreichen. Es geht dabei nicht darum, vorzugeben, etwas zu sein, sondern ein Bild zu schaffen, das unserer Persönlichkeit entspricht und zudem zum Unternehmen und zur Position passt. Der erste Eindruck ist wichtig, denn für den zweiten gibt es meistens keine Chance. Wenn Sie in die Topliga wollen, sollten Sie das rechtzeitig mit angemessener Kleidung signalisieren.

Dress for Success: Was ist nun das passende Outfit im Business? Patentrezepte gibt es dafür nicht, es kommt auf die Situation, Ihre Position oder Ihr Publikum an. Grundsätzlich können Frauen viel mehr Styling-Sünden begehen als Männer in ihren dunklen Anzug-Uniformen. Was zu salopp oder noch salonfähig ist, hängt stark von der Branche ab, in der Sie arbeiten. Und wenn Sie Außenkontakte haben, auch davon, in welcher Branche Ihre Kunden oder Geschäftspartner arbeiten. Es gibt Positionen – wie etwa Chefeinkäuferin eines Sportswearherstellers oder Marketingchefin eines internationalen Bekleidungslabels –, da ist ein trendiges Outfit geradezu ein Muss und strahlt Professionalität aus. Woanders wären Sie damit völlig deplatziert. Auf Manolo Blahniks sollten Sie auch nicht übers Business-Parkett stolzieren, es sei denn, Sie schreiben eine Kolumne à la Carrie aus *Sex and the City*.

Rot oder Schwarz sehen

Ist Ihnen schon aufgefallen, dass die Medien über Frauen in farbenfroher Kleidung gern als Hingucker, Glanzpunkte oder Farbtupfer in der tristen Anzugswelt schreiben? In der Politik ist Rot als Modefarbe weit verbreitet, egal, welcher Partei die Damen angehören. Ob Angela Merkel, Ulla Schmidt oder Claudia Roth (nomen est omen) – alle wurden schon in roten Blazern und Blusen gesichtet. Rot gilt unter Vertretern der Farbpsychologie als Ausdruck von Tatkraft und Energie, aber auch von Leidenschaft und Aggression. Rot hat zweifelsohne Signalwirkung, und in der Modewelt des Managements, in der dunkle Farben dominieren, fällt Rot auf jeden Fall auf. Rot hat in meinen Augen aber auch immer etwas Erzwungenes. Die gewollte Botschaft »bitte beachtet mich« ist allzu augenfällig, und die Gefahr, nur als »Lady in Red« oder als »rotes Tuch« in Erinnerung zu bleiben, groß. Mit dem Outfit muss dann eine geballte Ladung Kompetenz verbunden sein. Sie merken, ich gehöre nicht zur Rot-Fraktion, wenn es um die Kleiderordnung geht.

Eine andere Farbe der Macht ist Schwarz. Schwarz strahlt Kompetenz aus, aber auch Distanz. Und hat – wie mir eine Stylingberaterin verriet – eine angenehme

Nebenwirkung: Schwarz macht schlank. Für ein Kennlerngespräch im Coaching würde ich beim Oberteil nie Schwarz wählen. Wir sind uns beide noch fremd, und es gilt die Distanz zu überwinden und Nähe aufzubauen. Für ein Verkaufsgespräch mit einem Geschäftsführer, der Coaching für sein Unternehmen einkaufen will, ist eine dunkle Farbe hingegen sehr geeignet.

Einen persönlichen Stil zu entwickeln hat mehr mit Fantasie und Geschmack zu tun als mit Geld. Gerade die Investition in eine Stylingberatung, die Sie typgerecht berät, lässt sich meistens schnell wieder hereinholen. Sie lernen, eine Linie zu etablieren und eine imagegerechte Garderobe zusammenzustellen, was von teuren Frustkäufen abhält. Und eine Kleidung, in der wir uns wohl fühlen, gibt uns Sicherheit.

Zum gekonnten Bewegen auf dem Business-Parkett gehören längst auch Benimmregeln, korrekte Umgangsformen, taktvolles Verhalten, Anstand oder Restaurant-Etikette – kurz gesagt, eine gute Kinderstube. Die Investition in ein Benimm-Buch oder einen Knigge-Kurs lohnt sich auf jeden Fall.

Körpersprache und Stimme

Professionelles Auftreten will gelernt sein. Gut präsentieren, Reden halten, Statements abgeben wird im Job immer wichtiger. Kein Wunder, dass Bücher und Trainings zu Körpersprache und Stimme boomen. Gerade auf diesem Gebiet gilt: üben – üben – üben. Vieles lässt sich trainieren, nur mit einem Buch oder Seminar ist es nicht für alle Zeiten getan.

Seminare, Sprechtrainings, Bücher, DVDs können Ihnen wertvolle Impulse und erste Einblicke zur Körperhaltung, Gestik, Mimik, Atmung, Aussprache, zum Stimmklang und Sprechtempo liefern. Um gut bei Stimme zu sein, wirkungsvoller zu sprechen oder eine selbstbewusste Körperhaltung einzunehmen, ist regelmäßiges Training unserer elementaren Kommunikationsmittel unverzichtbar. Sie sehen schon: Körpersprache leicht gemacht, das funktioniert nicht. Sondern: Ohne Fleiß kein Preis!

Wie gesagt, die Frage, was eine überzeugende und authentische Körperhaltung ausmacht oder wie man sie erreicht, füllt Bände. Deshalb an dieser Stelle nur eine kurze »schwarze Liste« der Gesten und Bewegungen, denen Körpersprache-Experten eine universelle negative Bedeutung zumessen, die aber keinen Anspruch auf Vollständigkeit erhebt.

Körpersprache sagt mehr als tausend Worte:

- Wildes Gestikulieren wirkt theatralisch oder konfus.
- Wenn Sie die Arme vor der Brust verschränken, geben Sie sich defensiv und distanziert (sich selbst zu umarmen ist in Ordnung, aber nicht vor Publikum).
- Nach vorne gebeugte Schultern, ein in sich zusammenfallender Oberkörper lassen Sie klein und unbedeutend erscheinen.
- Dauerlächeln und unkontrolliertes Kopfnicken sind unprofessionell.
- Herumspielen mit den Haaren lässt Sie nervös oder flirtend wirken.
- Stehen Sie bei einem Vortrag schulterbreit mit beiden Beinen fest auf dem Boden, statt hin und her zu wippen. Wenn Sie länger reden, bleiben Sie nicht wie angewurzelt stehen, sondern gehen einige Schritte.
- Ein schöner Rücken kann Ihr Publikum nicht entzücken: Achten Sie darauf, beim Präsentieren nicht mit dem Rücken zum Plenum zu sprechen.
- Halten Sie Blickkontakt, pflücken Sie Ihre Worte nicht von der Decke.

Und dann ist da noch das weite Feld der Rhetorik, wie man Vorträge und Reden gut strukturiert, Technik sinnvoll einsetzt oder gekonnt mit Einwänden oder Störenfrieden umgeht. Bis in die höchsten Etagen zu kommen braucht einen langen Anlauf. Langweilig wird es unterwegs nicht, dafür gibt es zu viel zu lernen und auszuprobieren.

Schritt 9:
Verlangen Sie viel

Normalerweise schlägt sich Seltenheit in einem höheren Preis oder besonderen Wert nieder, im Management ist das nicht der Fall. Dort sind Frauen selten und zudem noch schlecht bezahlt. Die Managementberatung Kienbaum hat in ihrer Vergütungsstudie unter Geschäftsführern und leitenden Angestellten herausgefunden, dass Frauen in Geschäftsführungspositionen in deutschen Unternehmen durchschnittlich 20 Prozent weniger verdienen als ihre männlichen Kollegen. Weibliche Führungskräfte der ersten und zweiten Ebene werden durchschnittlich mit 13 Prozent weniger vergütet.

Sie bekommen das, was Sie verhandeln

Eine bodenlose Ungerechtigkeit, ein Debakel oder einfach dumm gelaufen? Man sollte annehmen, dass diese Frauen, die es schon weit gebracht haben, keine Probleme haben, ihre Forderungen durchzusetzen, was offensichtlich nicht der Fall ist. So wie Männer in der Mehrheit der Fälle darüber bestimmen, wer aufsteigt, bestimmen sie auch über die Gehälter. Aber nur auf der einen Seite des Verhandlungstisches, auf der anderen Seite sitzen Sie und bestimmen, welche Gehaltsansprüche Sie anmelden. Schließlich bekommen Sie nicht das, was Sie verdienen, sondern das, was Sie verhandeln. Umfeld, Kultur, interessante Aufgaben, netter Chef – alles wichtig, aber wieso wollen Sie dafür weniger bekommen als Ihr Kollege?

Über Geld redet man nicht, lautet eine verbreitete Ansicht, die Sie blockiert statt weiterbringt. Brechen Sie diesen Glaubenssatz auf. Es ist völlig menschlich, eine gewisse Scheu vor Gehalts- und Aufstiegsverhandlungen zu haben. Umso wichtiger ist es, sich darauf gründlich vorzubereiten – inhaltlich und innerlich. Sie müssen schon etwas dafür tun. Vorbereitung ist die halbe Miete.

Frauen sollten sich mehr um ihr Gehalt als um ihr Gewicht kümmern

Ein Mann und Personalberater vertraute mir an: Manchmal hätte man in seiner Branche den Eindruck, Frauen machten sich mehr Sorgen um ihr Gewicht als um ihr Gehalt. Er will lieber anonym bleiben.

Natürlich ist uns allen klar, dass in einem Bewerbungsgespräch unweigerlich die Frage nach dem Gehalt kommen wird. Trotzdem habe ich den Eindruck, dass Frauen eher denken: »Augen zu und durch, man wird mir schon ein tolles Angebot machen.« Pustekuchen! Ein, zwei Sätze und Ihr Gegenüber weiß: Die kann ich noch herunterhandeln. Dann spart der Chef Personalkosten ein, das kommt oben immer gut an. Oder er kann an Ihre Kollegen, die fordernder auftreten, mehr vom Kuchen verteilen. Und sich so auch eine gewisse Solidarität unter Männern sichern.

Weil Sie es sich wert sind

Eine befreundete Personalberaterin kann sich jedes Mal aufregen, wenn eine hoch qualifizierte Frau Mädchenpreise verlangt. Die Gehaltsforderung muss zur Position passen, sonst irritieren Sie die Leute, die Sie einstellen oder beauftragen wollen. Und riskieren, dass Ihr Gegenüber plötzlich Zweifel bekommt, ob Sie der Aufgabe überhaupt gewachsen sind.

Frauen schuften, während Männer Geld scheffeln
Mittlerweile beschweren sich nicht nur Männer, dass Frauen die Preise und Gehälter kaputt machen, sondern auch Frauen. Mir begegnen immer wieder Kolleginnen, die meinen, sie hätten noch nicht so viel Erfahrung und müssten auf Preisverhandlungen eingehen. Sie sind sich nicht bewusst, dass sie gerade durch die Zugeständnisse immer wieder ihren Amateurstatus bestätigen und beibehalten. Keine Frage, es gibt Situationen, da muss man Kompromisse schließen – aber bitte keine faulen. Dann haben Sie am Ende zwar den Job oder den Auftrag, aber zu welchen Konditionen? Sich ständig unter Wert zu verkaufen setzt zudem einen Teufelskreis in Gang: Sie machen sich klein, und mit diesem Gefühl von »Das bin ich nicht wert« gehen Sie in die nächste Gehalts- oder Honorarverhandlung. Nicht gerade die Pole-Position.

Das sagen Frauen:
»Sehr viele Frauen leiden außerdem unter einer Art ›Musterschülerinnenkomplex‹. Solange der Chef ihnen vermittelt, wie dringend er sie braucht, verzichten sie auf Gehaltserhöhung und Beförderung. Frauen müssen lernen, im Beruf fordernder aufzutreten.«
THEA DORN, Autorin und Journalistin[25]

Frauen halten still, schuften noch mehr und hoffen, einfach lange genug zu warten, zahlt sich aus. Männer sehen sich stärker auf Augenhöhe: »Wenn die mich haben oder halten wollen, dann müssen sie schon noch was drauflegen.« Und Männer machen auch im Fall einer Ablehnung nach einem halben Jahr wieder einen Vorstoß. Frauen zweifeln, denken oft: »Die wollen mich bestimmt nicht haben. Und wenn, dann nicht zu dem Kurs.« Oder sie hoffen, dass man sich schon etwas einfallen lassen wird, wenn man sie doch haben oder behalten will.

Solche innere Einstellung hat fatale Folgen: Wir machen uns erstens klein, und zweitens wirkt das auch nach außen. Den Chef oder den Kunden können wir erst vom Stellenwert unserer Arbeit überzeugen, wenn wir selbst von unserem Wert überzeugt sind.

Ausnahmen gibt es immer. Coaching ist beispielsweise keine billige Angelegenheit. Es gibt spannende Fälle, Menschen oder Organisationen, bei denen ich reduziert oder gegen eine andere Gegenleistung coache. Ich habe auch schon etliche Vorträge in Netzwerken ohne Vergütung gehalten und habe trotzdem profitiert: von einem interessanten Abend mit guten Gesprächen und gutem Essen, einem weiteren Übungsfeld und einer Erweiterung meines Kundenkreises. Natürlich gibt es keine Garantie für Folgegeschäfte, hier heißt es strategisch abwägen. Ich sehe das für mein Business als Akquisekanal, der effizienter und effektiver ist als jedes Mailing oder Kaltanrufe.

Bluffen Sie ruhig einmal

Um gute Karten beim Gehaltspoker zu haben und sich nicht unter Wert zu verkaufen, müssen zwei Dinge zusammenkommen: eine geschickte Selbstpräsentation und die selbstbewusste Einstellung »Das bin ich wert«. Nichts anderes. Basta!

Es geht nicht darum, Mondpreise zu verlangen, sondern darum, dass Sie Ihren Wert gut kennen. Was angemessen oder marktadäquat ist, hängt zum einen von individuellen Faktoren ab und zum anderen von Branche und Position. Zum Teil ist das Wissen, wie viel man verlangen kann, auch Erfahrungssache. Aber auch dann ist es immer besser, sich eingehend zu informieren, Branchen-Gehaltsspiegel zu recherchieren und sich umzuhören im Freundes- und Kollegenkreis (vor allem die Männer fragen!), in Ihrem Netzwerk. Auch geldwerte Ersatzleistungen wie Diensthandy, Firmenwagen oder Notebook sind Gehaltsbestandteile. Oder Sie handeln eine Weiterbildung oder ein Coaching mit Ihrem Arbeitgeber aus.

Der größte Anfängerfehler: 120-prozentig die Wahrheit zu sagen. Setzen Sie Ihr Zielgehalt oder Ihre Gehaltserhöhung höher an, damit Sie und Ihr Gegenüber einen Verhandlungsspielraum haben. Kein Chef und auch keine Chefin dieser Welt wird Ihre Ansprüche einfach abnicken. Und legen Sie Ihre Untergrenze fest. Sinkt der Preis oder das Gehalt darunter, sinkt auch die Motivation. Plötzlich haben Sie den tollen Job oder den renommierten Kunden, aber zu welchem Kurs! Dann bekommen Sie Schmerzensgeld, bei dem Sie am Ende kräftig draufzahlen.

Ein Gehaltsgespräch ist eine unangenehme Sache, das steht außer Frage. Aus dem Stegreif bekommt man das selten hin. Machen Sie unbedingt einen Probelauf. So ein Auftritt will geplant sein. Als Erstes streichen Sie alle Weichmacherwörter aus Ihrem Wortschatz. Verhandeln Sie nie mit dem weiblichen Konjunktiv, und antworten Sie auf »Was wollen Sie verdienen?« nicht mit Sprechblasen wie: »Ich dachte, ich könnte vielleicht so um die 75 000 Euro verdienen.« Da weiß jeder, die lässt mit sich reden. Spielen Sie die Gehaltsverhandlung mit einem Sparringspartner im Rollenspiel durch. Sprechen Sie die Summe, die Sie sich als Jahresgage oder Gehaltserhöhung vorstellen, so lange laut und deutlich aus, bis sie Ihnen locker von der Zunge kommt: Achtzigtausend Euro. Keine Rechtfertigungen, keine Erklärungen, keinen Rückzieher wie »Oder ist das zu viel?«, nur weil Ihr Gegenüber sich mit Pokergesicht in Schweigen hüllt. Sich hinter Anweisungen von oben verschanzt: »Mir sind die Hände gebunden.« Oder die Sache vom Tisch wischt: »Darüber brauchen wir gar nicht erst zu reden.« Und ob!

Fähigkeiten und Erfolge in Gehalt ummünzen
Wappnen Sie sich gegen solche Killerphrasen mit guten Argumenten. Belegen Sie Ihre Leistungen, Ihre Ergebnisse, Ihren Mehrwert, und halten Sie dafür konkrete

Beispiele parat. Wo haben Sie Geld oder Zeit eingespart? Wo den Umsatz gesteigert? Wo Abläufe gestrafft und neue Aufgaben übernommen? Ein Projekt unter Ihrer Federführung erfolgreich abgeschlossen? Wo einen Kunden gewonnen oder bei der Stange gehalten? Gestiegene Benzinpreise oder höhere Lebenshaltungskosten taugen genauso wenig für eine Gehaltsverhandlung wie der Hinweis auf einen mehr verdienenden Kollegen, so ungerecht das auch sein mag. Und auch hier heißt es: gut vorbereiten, sonst fällt Ihnen das, was Sie sagen wollten, garantiert erst ein, wenn Sie wieder vor der Tür sind. Das gilt im Übrigen genauso für Karriereentwicklungsgespräche.

Viele meiner Klientinnen, mit denen ich Gehaltsgespräche trainiere, berichten mir später, wie sie in dem Moment, wo es zur Sache ging, kurz in Erwägung gezogen haben, einen Rückzieher zu machen und weniger zu verlangen. Diejenigen, die nicht eingeknickt sind und ihre Sache durchgezogen haben, sprechen von einem regelrechten Befreiungsschlag und echtem Erfolgsgefühl. Und nicht nur die Frauen, die im ersten Anlauf ihre Vorstellungen auf ganzer Linie verwirklichen konnten, sondern auch die, die »nur« einen ersten Teilverhandlungserfolg verbuchen konnten oder sogar eine

Ablehnung in Kauf nehmen mussten. Verkehrt wäre es, sich jetzt ins Schneckenhaus zurückzuziehen. Was zählt, ist, dass Sie Ihre Ansprüche angemeldet haben. Und Ihr Chef sollte wissen, dass er wieder mit Ihnen zu rechnen hat, Folgetermin in sechs Monaten inklusive.

Nirgendwo wird mehr getrickst als beim Gehalt, und Bescheidenheit zahlt sich bei Gehaltsgesprächen nicht aus. Die, die ihre persönlichen Stärken und Leistungen erfolgreich kommunizieren können, können sie auch in höhere Gehälter ummünzen. Und wenn man Ihnen auch diesen dummen Vers ins Poesiealbum geschrieben hat, dann Schluss damit:

»*Sei wie das Veilchen im Moose, bescheiden, sittsam und rein, und nicht wie die stolze Rose, die immer bewundert will sein.*«

Vergessen Sie es, und arbeiten Sie gegen Ihr Poesiealbum-Trauma an. Vielleicht mit dieser Variante, mit der sich viele Jahre später meine Tante Martha verewigte:

»*Sei wie die stolze Rose, selbstbewusst, glücklich und frei, und nicht wie das Veilchen im Moose, so dämlich, bescheiden und scheu.*«

> **Praxistipp: Was Frauen erfolgreich macht**
>
> **CLAUDIA LESKE,**
> Business-Coach und Geschäftsführerin *Akademie für Führung im Wandel*:
>
> »Schaffen Sie einen Mehrwert, von dem Kunden oder Unternehmen kontinuierlich profitieren. Formulieren Sie das, was Sie tun, als spannende Geschichte, und erzählen Sie diese als Ihr Herzensanliegen. Die Kunden werden Sie nach allem Möglichen fragen, aber kaum noch nach Ihrem Preis.«

Schritt 10: Feiern Sie Erfolge

Ein letzter Punkt noch: Entspannen Sie sich! Wenn Sie am Ziel sind, vergessen Sie das Feiern nicht. Feiern Sie Ihren Durchbruch nach Herzenslust, statt gleich wieder zur Tagesordnung überzugehen. Setzen Sie bewusst einen Schlusspunkt. Wenn wir unsere Erfolge nicht gebührend wahrnehmen, kann sich auch kein Erfolgsgefühl einstellen. Kosten Sie dieses Hochgefühl aus, machen Sie sich bewusst, was Sie erreicht haben. Sie können auch ein Erfolgstagebuch führen, damit Sie Ihre Heldinnentaten schwarz auf weiß nachlesen können – was auch in schwierigen Zeiten nützliche Dienste leistet.

Blitzkarrieren sind auch bei Männern selten

Berufliches Vorankommen ist ein Marathon und kein Sprint. Niemand hat gesagt, dass es schnell geht. Blitzkarrieren sind auch bei Männern sehr selten. Man braucht einen langen Atem, und deshalb ist es sinnvoll, regelmäßig eine Atempause einzulegen. Geben Sie sich selbst Streicheleinheiten. Investieren Sie nach einer Phase harten Arbeitens, denn dadurch erreichen wir meistens unsere Ziele, bewusst Zeit in Erholung und Auftanken. Loben Sie sich! Wenn Sie auch mit dem Familienspruch »Eigenlob stinkt« groß geworden sind, ist es an der Zeit, ihn über Bord zu werfen. Gönnen Sie sich eine Belohnung, wobei auch immer Sie am besten entspannen: bei einer Hot-Stone-Massage, einem guten Buch oder einem Candle-Light-Dinner mit Ihrem Liebsten. Vielleicht entwickeln Sie auch ein Ritual, mit dem Sie Erfolge markieren: eine Kerze in Ihrer Lieblingskirche anzünden, ein Freudentänzchen im Park aufführen, einer Obdachlosen fünf Euro in die Hand drücken.

Und als Führungskraft feiern Sie mit Ihrem Team. Loben und belohnen Sie Ihre Leute für die erfolgreiche Umsetzung eines Ziels, für den Abschluss eines Auftrags, für die gelungene Vorstandspräsentation mit einer kleinen Auszeit. Rufen Sie Ihre Mannschaft zusammen. Organisieren Sie spontan eine Freudenfeier, bestellen Sie Pizza, oder öffnen Sie ein Fläschchen Sekt. Die Geste zählt, nicht die Getränkeauswahl. Zeigen Sie, dass Sie stolz sind auf das, was Ihre Leute geschafft haben. Werfen Sie gemeinsam einen Blick auf Gelungenes. Holen Sie Ihren nächsthöheren Vorgesetzten mit dazu. Dadurch bekommt er Kontakt zur Basis, Sie können die Gesamtleistung gleich vor Ort verkaufen, und Ihr Team wird angespornt. Gewinner auf der ganzen Linie!

Wenn man erfolgreich ist, treten schnell Neider auf den Plan. Deutschland und die Neiddebatte – vielleicht können Sie auch ein Lied davon singen. Halten Sie solche Leute auf Distanz, die Ihnen Ihre Erfolge missgönnen, klein machen oder totschweigen. Ziehen Sie persönliche Grenzen hoch, und schützen Sie sich!

Und für die Menschen, die Sie auf Ihrem Weg zum Ziel ermutigt und unterstützt haben mit Informationen, Zuspruch, Essenmachen, ist jetzt Dankbarkeit angebracht.

In Hamburg sagt man: »Wer zusammen Erfolge feiert, hält auch in schwierigen Zeiten zusammen.«

Bevor Sie sich an Ihr Selbstmarketing machen, lassen Sie mich zum Abschluss dieses Buches noch einen Blick in die Zukunft werfen, die für jede(n) von uns anders aussehen wird – je nachdem, wie wir sie gestalten.

Das sagen Frauen:
»Ich beschäftige mich nicht mit dem, was getan worden ist. Mich interessiert, was getan werden muss.«
MARIE CURIE, zweimalige Nobelpreisträgerin[26]

4. Wird die Wirtschaft weiblich?

Frauen auf dem Chefsessel sind seit gut drei Jahrzehnten ein großes Trendthema und aktuell wieder ganz besonders im Blickpunkt. Es beschäftigt Unternehmen, Personalberater, Frauennetzwerke, Universitäten, Medien und nicht zuletzt die Frauen selbst.

Frauen stellen heute mehr als die Hälfte aller Abiturienten sowie fast die Hälfte der Studierenden und der Absolventen an Universitäten und Fachhochschulen. Im Jahr 2005 lag die Studierquote von Frauen und Männern erstmals auf gleichem Niveau, und auch in den so genannten karriererelevanten Fächern, wie Rechts- und Wirtschaftswissenschaften, lag der Anteil von Absolventinnen bei 50,5 Prozent. Und das ist nicht erst seit gestern so. Bei den Ingenieurwissenschaften sieht das Bild indessen noch anders aus: Nur knapp ein Viertel der Abschlüsse wurden von Frauen erreicht.

An einer weniger karriereorientierten Fächerwahl von Frauen, die lange für den geringen Anteil weiblicher Führungskräfte in Deutschland verantwortlich gemacht wurde, kann es kaum noch liegen, dass immer noch zu wenig Frauen in Führungspositionen Fuß fassen. Aber eines ist auch klar: Wenn man sich auf Personal oder Public Relations verlegt, wird man kaum an die Unternehmensspitze kommen – Personalberatungen oder PR-Agenturen ausgenommen –, dafür ist in den meisten Unternehmen Linienerfahrung erforderlich.

Es braucht den Willen von beiden Seiten
Was passiert mit den vielen Frauen, die erste Karriereschritte gemacht haben und jetzt für höhere Ämter bereitstehen? Und was ist mit all den jungen Frauen, die sich in den nächsten Jahren hoch qualifiziert und hoch motiviert ins Berufsleben stürzen? Als die erste und zweite Welle Berufsfrauen in den Achtziger- und Neunzigerjahren ins Management drängte, stießen diese noch auf verriegelte und verrammelte Türen. Einige der Türen sind mittlerweile aufgestoßen. Aber es wäre zu einfach zu sagen, durch diese offenen Türen könne die Generation, die jetzt in den Startlöchern steht, einfach gehen, wenn sie nur wolle. Es braucht den Willen von beiden Seiten: von den Unternehmen wie von den Frauen. Gar-

niert mit maßgeschneiderten Arbeitsmodellen, flexiblen Arbeitszeitsystemen, ganztägiger, bezahlbarer Kinderbetreuung und familienfreundlichen Maßnahmen.

Wo bleiben »Germany's Next Topmanagerinnen«?

Die gute Nachricht: Mädchen und Frauen sind auf der Überholspur im Bildungswesen. Die schlechte: Achtung, Falle! Praktisch erfahren Mädchen und junge Frauen heute keinerlei Benachteiligung mehr in der Schule, im Studium, in der Ausbildung. Das böse Erwachen kommt dann beim Berufseinstieg.

Auch bestausgebildete Frauen brauchen Förderung

Vor lauter Gleichheits- oder sogar Bessersein-Gerede scheint den jungen Frauen das Gespür für Konkurrenz komplett verloren zu gehen. Mit dem Resultat, dass viele von ihnen als Dauerpraktikantinnen verbraucht werden oder auf ihren Einstiegspositionen stecken bleiben, während ihre ehemaligen Kommilitonen an ihnen vorbeiziehen und Karriere machen. Auch die bestausgebildete Frauengeneration braucht Förderung, beratende Unterstützung und die Erfahrung anderer.

Auf einen ganz neuen Typ Frau müssen sich Unternehmen, Männer und Gesellschaft einstellen. Das ergab die 2008 veröffentlichte Studie *Frauen auf dem Sprung* der Frauenzeitschrift *Brigitte* in Zusammenarbeit mit dem Wissenschaftszentrum Berlin und dem Institut für angewandte Sozialwissenschaft (infas). Befragt wurden Frauen im Alter von 17 bis 19 und von 27 bis 29 Jahren. Frauen also, die sich auf den Weg machen in die Ausbildung, ins Studium, in den Beruf.

Die jungen Frauen von heute sind unabhängig, zielstrebig und selbstbewusst und wollen nun ganz selbstverständlich alles: Beruf, Partner, Kinder und gesellschaftliche Verantwortung. *»Die Zeit des Entweder-oder ist vorbei. Jetzt zählt das Und«*, fasst Jutta Allmendinger, die die Studie geleitet hat, die Ergebnisse zusammen. *»Im Dreiklang von Beruf, Partnerschaften und Kindern ist ihnen alles gleichermaßen wichtig: eine feste Beziehung für 77 Prozent, der Beruf für 74 Prozent, eine Familie mit Kindern für 68 Prozent der Frauen«*, heißt es in der Studie. Die Frage, ob sie eine Idee davon haben, was sie beruflich machen wollen und wie ihr Berufs- und Privatleben genau aussehen soll, ist aber noch nicht beantwortet.

Jede dritte junge Frau sieht sich im Chefsessel statt im Vorzimmer

Ein Teil der jungen Frauen hat durchaus Führungsambitionen: Mehr als ein Drittel unter ihnen sieht sich später im Chefsessel statt im Vorzimmer, ergab die Befragung. Im Vergleich zu älteren Studien von vor 20, 30 Jahren ist das sicherlich ein beachtliches Ergebnis und eine solide Ausgangsbasis. Ob es reicht, um eine erfolgskritische Masse zu bilden und die Geschlechterverhältnisse in den Führungsetagen in den nächsten 15 bis 20 Jahren tatsächlich zu verändern, muss sich zeigen. Denn von der Zielsetzung bis zur Realisierung ist es ein langer Weg, auf dem noch viel passieren kann, wie die Vergangenheit gezeigt hat. Und in Unternehmen und Gesellschaft muss noch einiges geschehen, damit die heutige Generation junger, karrierewilliger Frauen ihre Lebensentwürfe parallel und nicht sequenziell lebbar machen kann.

In den USA, die als Vorreiter in Sachen Chancengleichheit und Diversity gelten, geistert derzeit ein anderer Begriff durch die Lande. Die erträumte Work-Life-Balance scheint immer mehr in weite Ferne zu rücken und zu einer »Work-Life-Imbalance«, einem Ungleichgewicht, zu führen. Das Gleichgewicht von Leben und Arbeit scheint auch bei uns durch die sich ständig ändernden und steigenden Anforderungen am Arbeitsplatz, durch Arbeitsverdichtung, längere Wochen- und Lebensarbeitszeiten aus den Fugen zu geraten.

Kaum Freiraum für Familie oder Freizeit
Die jungen Frauen seien anders als die Männer von heute, heißt es in der Studie. Sie seien nicht bereit, sich zu zerreißen und dem Unternehmen unbegrenzt zur Verfügung zu stehen. Es scheint für die meisten Frauen keine Frage zu sein, dass für sie zuerst die Karriere kommt, und dann – nachdem sie einige Hürden und Hierarchieebenen genommen haben – wollen sie auch Kinder. Karriere und Kinder: Ja. Aber eine dauerhafte Karriere zu Lasten von Kindern, Familie, Partnerschaft: Nein, danke. Keine Lust auf die Ochsentour.

Frauen wissen längst, dass sie vielfältige Karrierechancen haben, aber sie wissen auch, dass der Preis dafür in aller Regel nahezu unbegrenzter Zeiteinsatz ist. Vielleicht will ein Teil der Frauen zu den derzeitigen Karrierebedingungen gar keine Führungsposition, und insbesondere nicht ins obere Segment kommen, wie übrigens auch unzählige Männer. Es gibt andere Erfolgsvisionen als eine steile Aufstiegskarriere mit überlangen Arbeitszeiten.

Mangel an männlichem Managerpotenzial

Egal, ob Konzern oder Mittelstand, alle Unternehmen wissen heute, dass der Kampf um Talente härter geworden ist und sie sich in ihrer Personalstrategie ändern müssen, wenn sie die demografischen und globalen Herausforderungen meistern wollen. Aber wie an anderer Stelle schon angesprochen: Zwischen Wissen und Handeln liegt eine enorme Distanz. Zwar wird vielerorts zeitgemäß darüber geredet, dass das Unternehmen mehr Frauen in Spitzenpositionen braucht, intern werden aber immer noch Sprüche geklopft wie: »Kommen Sie mir bloß nicht mit einer Frau!« Viele tun sich schwer, wirklich etwas zu verändern. Oder es herrscht das Denken vor: »Ich kann jederzeit jemand anderen für diesen Job anheuern.« Wer so denkt und Toptalente – Frauen wie Männer – ziehen lässt, fügt dem Unternehmen erheblichen Schaden zu. In unserer Wissensgesellschaft ist nicht mehr jeder oder jede beliebig ersetzbar. Eine weitere gefährliche Geisteshaltung, mit der vieles verhindert wird: »Nach mir die Sintflut.« Wer sein Unternehmen wirklich für den globalen Wettbewerb und die Führungskräftelücke rüsten will, sollte darauf achten, wo im Unternehmen Leute mit dieser Auffassung sitzen und Frauen ausbremsen.

Vorsicht vor mittelmäßigen Männern im mittleren Management!

Ein geflügeltes Wort in der Wirtschaft sagt: »Erstklassige Führungskräfte suchen sich erstklassige Leute. Zweitklassige Führungskräfte suchen sich die Ladenhüter.« Es ist anzunehmen, dass ganz oben auch eine Menge guter Leute sitzen. Das Problem sitzt tiefer. Die größte Gefahr für Frauen geht von mittelmäßigen Männern aus. Das mittlere Management ist voll davon, als Folge der üblichen Beförderungsmechanismen. Dieser »Aufstieg bis zur Inkompetenz« wird auch Peter-Prinzip genannt – formuliert nach seinem Erfinder Laurence J. Peter. Peters Schlussfolgerung: Die Arbeit wird von den Menschen erledigt, die ihre Stufe der Inkompetenz noch nicht erreicht haben. Zweitklassige Manager richten somit doppelt Schaden im Unternehmen an: Sie holen sich pflegeleichte Jasager ins Haus und bremsen gute Leute aus oder vergraulen sie. Vor allem sehr kompetente Frauen werden diesen Männern gefährlich – also sorgen sie dafür, dass die weibliche Konkurrenz ausgebootet wird oder entnervt das Weite sucht.

Das sagen Männer:
»Wenn unser Land nach vorn kommen will, müssen wir die Chancen für Frauen, in Führungspositionen zu kommen, deutlich verbessern. Das männliche Potenzial schöpfen wir aus bis zum Bodensatz, das der Frauen haben wir noch nicht einmal angekratzt. Das ist gesellschaftliche und menschliche Verschwendung.«
ROLAND BERGER, Wirtschaftsfachmann und Gründer der Roland Berger Strategy Consultants[27]

Der Glaube an ein männliches Management scheint so tief zu sitzen, dass sich die meisten Organisationen etwas anderes buchstäblich nicht vorstellen können. Die alte Garde, die glaubt, ohne sie gehe gar nichts, wird sich nicht ändern, aber sie wird abgelöst werden. Nicht von heute auf morgen und auch nicht ohne Zutun von Frauen und Männern.

Fehlender männlicher Führungsnachwuchs ist ein Mythos
Mangel und Lücken überall: Fachkräftemangel, Führungskräftelücke, Qualifikationslücke, Lehrlingsmangel statt Lehrstellenmangel. Diese Situation bietet Chancen für Frauen, aber sie birgt auch Gefahren. Nämlich die, sich überqualifiziert mit Sachbearbeiterposten abspeisen

zu lassen, die schließlich auch besetzt werden müssen. Die Konkurrenz um Spitzenpositionen bleibt weiterhin hart, und der Mangel an männlichem Management-Nachwuchs ist ein gefährlicher Mythos, auf den Frauen sich nicht allein verlassen sollten. Zumal die Zahl der Toppositionen aufgrund flacherer Führungsstrukturen in den vergangenen Jahren deutlich abgenommen hat. Einen Automatismus für die beruflichen Aufstiegsmöglichkeiten von Frauen werden diese Entwicklungen nicht mit sich bringen.

Die Mühlen mahlen langsam: Wenn es in diesem Schneckentempo weitergeht, kann es noch Jahrzehnte oder gar Jahrhunderte dauern, bis die Chancengleichheit zwischen Mann und Frau vollzogen ist. Man sollte denken, das rechnet ernsthaft niemand aus, Pustekuchen! In der Schweiz hat man diesen Zeitraum vor Kurzem mit 962 Jahren beziffert (Köchli, 2006). Und wer jetzt denkt, die Uhren gingen bei den Eidgenossen schon immer etwas langsamer, kommt mit 485 Jahren aus. So lautet zumindest das Rechenergebnis der Europäischen Kommission.

Aber es gibt auch Zukunftseuphorie: »*Das Epizentrum ökonomischer Chancen verschiebt sich. Wenn man heute von etwa acht Prozent Frauen im Management ausgeht, werden es in zehn Jahren 16 und in 20 Jahren schon über 30 Prozent sein«*, donnert der Zukunftspapst Matthias Horx von der Kanzel.

Mut, Muster aufzubrechen

Frauen, die das Zepter in die Hand nehmen wollen, müssen mehrfach Muster aufbrechen: erstens gesellschaftliche Rollenmuster, zweitens männliche Managementmuster und drittens eigene Muster wie ihre Distanz zur Macht oder die Zurückhaltung im Auftreten und Fordern. Sie brauchen weniger Bescheidenheit, Konkurrenz- und Konfliktscheu, weniger Selbstzweifel. Dafür mehr Marketing in eigener Sache, mehr Machtbewusstsein, mehr Mentoren und Netzwerke.

Das sagen Männer:
»Wenn eine Unternehmensspitze den bedienten Markt überhaupt nicht widerspiegelt, dann stimmt etwas nicht.«
TOM PETERS, Management-Guru: *Re-imagine*

Wählerisch sein: beim Partner und beim Unternehmen
Unternehmen können es sich nicht mehr leisten, auf Topfrauen zu verzichten. Aber die Topfrauen können es sich leisten, Unternehmen zu verlassen, in denen sie nicht weiterkommen, weil in diesen Organisationen die Vorstellungen von Management auf einer sehr traditionellen Sichtweise beruhen. Man kann auch Muster aufbrechen, indem man aus dem Spiel aussteigt. Irgendwann werden auch die ewig gestrigen Firmen merken, dass ihnen die guten Leute ausgehen. Wenn es dann nicht zu spät ist.

Viele der heute 40- bis 50-jährigen Managerinnen hängen ihren hoch dotierten Job an den Nagel, haben keine Lust mehr auf die Männerwelt Management. Einige werden doch noch Mutter, andere gründen ihr eigenes Unternehmen oder arbeiten freiberuflich. Und es stimmt: Manche Managerinnen werden auch ausrangiert. Auch das gehört zur Karriere – zur männlichen wie zur weiblichen. In der Regel sind es aber keine Notlösungen, sondern bewusste Entscheidungen für ein ganzheitlicheres Berufs- und Privatleben mit mehr Freiräumen und mehr Kreativität. Lieber erfolgreich selbstständig und erfüllt als Mensch oder Mutter statt frustrierte Führungskraft, so offensichtlich die Strategie.

Wenn die Unternehmen nicht wollen, dass dieser Ausstieg auf der Langzeitagenda der Generation der heute 30- bis 40-jährigen Frauen steht, dann müssen sie sich mehr einfallen lassen als hier und dort ein Frauenseminar. Ja, dieser Begriff geistert leider noch durch einige Firmen.

Frauen in Führungspositionen bieten auch die Chance, mit überholten und verkrusteten Organisations- und Managementstrukturen aufzuräumen, mit denen viele Männer sich genauso schwertun. Nach Angaben des Bundesverbands der Betriebskrankenkassen haben Psychostress und seelische Krankheiten unter Spitzenkräften stark zugenommen. Was Wunder, die Mehrfachverantwortlichkeiten werden nicht weniger.

Vor den Frauen kommen die Männer anderer Länder
Auch der neue Trend der Diversity bietet Hoffnung: Die Chefetagen werden an der Spitze internationaler. In den Vorständen der DAX-Konzerne stellen US-Amerikaner und Österreicher das größte Ausländerkontingent, wie die Unternehmensberatung Simon, Kucher und Partners ermittelte. Vor den Frauen kommen also zunächst Männer anderer Nationalität. In dieser Entwicklung können aber auch Chancen für Frauen liegen. 2008 hat

der Henkel-Konzern den Dänen Kasper Rorsted zum Vorstandsvorsitzenden ernannt, der sich eine bessere Vereinbarkeit von Familie und Beruf und mehr Frauen in Führungspositionen auf die Fahne geschrieben hat. Beides ist in skandinavischen Ländern gut gelungen. Und den Worten hat er gleich Taten folgen lassen und eine Frau als Personalchefin geholt. Geht doch!

Das Ende der Unterschätzung

Frauen unterschätzen sich und werden unterschätzt. Mutige Männer werden Frauen dabei unterstützen, Erfolgsbarrieren zu entfernen, althergebrachte Strukturen im Management aufzubrechen und etwas anders zu machen. Ob es viele sein werden, das steht in den Sternen. Denn Veränderungen sorgen nicht immer für die höchsten Punkte auf der Beliebtheitsskala. Mutige Frauen machen Schluss mit der Selbstunterschätzung. Sie nehmen selbstbewusst ihre Chancen wahr und machen »ihr Ding«.

Das sagen Männer:

»Der beste Beweis für Selbstbewusstsein ist Offenheit für Veränderungen und neue Ideen – egal, aus welcher Quelle sie stammen.«

JACK WELCH, Managementvordenker und Ex-CEO von General Electric: *Was zählt*

In diesem Sinne sollten sich Männer und Frauen zusammentun, um ein erfolgreiches Umschwenken in der Wirtschaftswelt in Angriff zu nehmen. Noch ist das Management ein Männerland, das immer häufiger von Frauen bereist wird. Die einen sind fasziniert, bleiben, wollen mitregieren und die Landschaft nach ihren Vorstellungen mitgestalten. Andere sind auf der Durchreise, legen hier und da einen Zwischenstopp ein, kehren wieder um oder suchen sich andere Reiseziele. Einseitige Männerpräferenz ist ein Auslaufmodell der Führung. Wie lange die Reise aber noch dauert, bis die Managementlandschaft weiblicher wird, darüber lässt sich nur spekulieren. In ein paar Jahren jedenfalls ist das nicht erledigt.

Das sagen Frauen:

»It's a men's world, but we have all the possibilities to do it our own way.«

SAHAR HASHEMI, CEO und Mitbegründerin der englischen Kaffeehauskette Coffee Republic[28]

Danksagung

Mein ganz herzlicher Dank geht an:

Petra Becher . Stephanie Bewernitz . Karin Bojen-Rau
Michaela Bürger . Anke Domscheit . Ute Flockenhaus
Heike Fölster . Imke Goller-Willberg . Karen Heumann
Catrin Hinkel . Karin Katerbau . Susanne Klöß
Dr. Sylvia Knecht . Ines Kolmsee . Isabell C. Krone
Dr. Barbara Krug . Claudia Leske . Birgit Massalsky
Martina Plag . Martina Sandrock . Monika Scheddin
Barbara Semlitsch . Christa Stienen . Dr. Christine Stimpel

Anmerkungen

1 In: Stuttgarter Zeitung vom 17.9.2005
2 In: *Germany's Next Topmodel*, PRO 7, Frühjahr 2008
3 In: COSMOPOLITAN, Juli 2006
4 In: Kutzschenbach, Claus von: *Frauen – Männer – Management*
5 Auf der Veranstaltung *Frauen – mit Macht in die Zukunft* am 1. Dezember 2006 in der IHK Frankfurt a. M.
6 Beim Bundesdelegiertentag der Frauen-Union in Braunschweig am 27. Oktober 2007
7 Auf der Eröffnungsrede beim Kongress *Women in European Business* am 12. März 2002
8 Im Interview mit diepresse.com am 20. Dezember 2007
9 Im Interview mit brand eins 03/2008
10 In: wirtschaft+weiterbildung 10/2006
11 In: Capital 11/2007
12 In: Wirtschaftsweisheiten 2007, spiegel-online vom 23.12.2007 (www.spiegel.de/wirtschaft/0,1518,524274-6,00.html)
13 In: Wirtschaftswoche 23/2006
14 In: Illner, Maybrit: *Frauen an der Macht*
15 In einer Mail an die Autorin
16 Auf dem World Business Forum in Frankfurt am 9. November 2006
17 Im Interview mit femity.net am 4. Januar 2007
18 Zitiert nach: http://de.wikipedia.org/wiki/Alfred_Herrhausen
19 Auf dem WOMANagement-Symposium in Pforzheim, April 2004
20 Im Interview mit Maria von Welser, *Klug, stark, weiblich*, auf N3, 9.3.2008

21 Siehe Interview im Harvard Business Review 2/2008, deutsch in: Spiegel-online vom 10.2.2008 (www.spiegel.de/wirtschaft/0,1518,532689,00.html)
22 Zitiertnach:www.rp-online.de/public//article/gesellschaft/medien/451386/Doppelter-Abschied-in-der-ARD.html
23 In: Capital 25/2006
24 In: wirtschaft+weiterbildung 10/2006
25 Im Interview mit dem Hamburger Abendblatt vom 17.10.2006
26 Zitiert nach: zitate.net
27 In: SPIEGEL Special 1/2008
28 Auf der Konferenz »Women in European Business (WEB)«, 23.09.2008 in Frankfurt, zitiert in: wirtschaft + weiterbildung 11/12/2008

Literaturverzeichnis

Aburdene, Patricia/Naisbitt, John: *Megatrends: Frauen*. Berlin 1993
Accenture (Hrsg.): *Frauen und Macht – Anspruch oder Widerspruch*. Kronberg 2002
Asgodom, Sabine: *Reden ist Gold – So wird Ihr nächster Auftritt ein Erfolg*. Berlin 2006
Assig, Dorothea: *Frauen in Führungspositionen. Die besten Erfolgsrezepte aus der Praxis*. München 2001
Berckhan, Barbara: *Die etwas intelligentere Art, sich gegen dumme Sprüche zu wehren. Selbstverteidigung mit Worten*. München 2001
Bierach, Barbara/Thorborg, Heiner: *Oben ohne. Warum es keine Frauen in unseren Chefetagen gibt*. Berlin 2006
Bischoff, Sonja: *Wer führt in (die) Zukunft. Männer und Frauen in Führungspositionen der Wirtschaft in Deutschland – die 4. Studie*. Bielefeld: Bd. 77 der Schriftenreihe der Deutschen Gesellschaft für Personalführung e.V., 2005
Bischoff, Sonja: *Männer und Frauen in Führungspositionen der Wirtschaft in Deutschland. Neuer Blick auf alten Streit*. Stuttgart 1999
Bonneau, Elisabeth: *Erfolgsfaktor Small Talk*. München 2005
Covey, Stephen R.: *Die 7 Wege zur Effektivität. Prinzipien für persönlichen und beruflichen Erfolg*. Offenbach 2005
Covey, Stephen R./Merrill, Roger A./Merrill, Rebecca R.: *Der Weg zum Wesentlichen. Zeitmanagement der vierten Generation*. Frankfurt am Main 1997
Egon Zehnder International: Studie *Diversity Management und Frauenförderung* 2008

Ehrhardt, Ute: *Gute Mädchen kommen in den Himmel, böse überall hin. Warum Bravsein uns nicht weiterbringt.* Frankfurt am Main 1994

Einhorn, Stefan: *Die Kunst, ein freundlicher Mensch zu sein.* Hamburg 2007

Euler-Rolle, Marie-Theres: *Jetzt rede ich! Wer selbstsicher auftritt, setzt sich durch.* Wien 2007

Galinsky, Ellen/Samond, Kimberlee/Bond, James T. (Families and Work Institute), Brumit Kropf, Marcia/Moore, Meredith (Catalyst), Harrington, Brad (Boston College Center for Work & Family): *Leaders in a Global Economy.* New York 2003; Auszüge auf www.familienservice.de

Geym, H.: *Working together: Women and men.* London: European Women's Management Development Network, 1987

Goldsmith, Marshall/Reiter, Mark: *Was Sie hierher gebracht hat, wird Sie nicht weiterbringen. Wie Erfolgreiche noch erfolgreicher werden.* München 2007

Goleman, Daniel: *Emotionale Intelligenz.* München/Wien 1996

Gross, Stefan F.: *Beziehungsintelligenz. Talent und Brillanz im Umgang mit Menschen.* Landsberg/Lech 1997

Handy, Charles: *Ich und andere Nebensächlichkeiten.* Berlin 2007

Hartmann, Michael: *Eliten und Macht in Europa. Ein internationaler Vergleich.* Frankfurt am Main 2007

Hoppenstedt: Studie *Frauen im Management 2007.* Darmstadt, 2007

Illner, Maybrit: *Frauen an der Macht. 21 einflussreiche Frauen berichten aus der Wirtschaft.* Kreuzlingen/München 2005

Johnson, Spencer: *Die Mäuse-Strategie für Manager. Veränderungen erfolgreich begegnen.* Kreuzlingen/München 2000

Kals, Ursula: *FRAUEN! Keine falsche Bescheidenheit.* CD-ROM, Frankfurt am Main 2006

Köchli, Yvonne-Denise: *Frauen, wollt ihr noch 962 Jahre warten?* Micheline Calmy-Rey über echte Chancengleichheit. Zürich 2006

Kutzschenbach von, Claus: *Frauen – Männer – Management. Führung und Team neu denken.* Leonberg 2005

Lehky, Maren: *Die 10 größten Führungsfehler und wie Sie sie vermeiden.* Frankfurt am Main 2007

Lukoschat, Helga/Walther, Kathrin: *Karrierek(n)ick Kinder. Mütter in Führungspositionen – ein Gewinn für Unternehmen.* Gütersloh 2006

Lutz, Juliane: *Karrieremütter: Ganz oder gar nicht?* Auf: www.handelsblatt.com/unternehmen/karrieremuetter-ganz-oder-garnicht;1391932, 17.02.2008

Malik, Fredmund: *Führen, Leisten, Leben. Wirksames Management für eine neue Zeit.* Frankfurt am Main 2006

Martenstein, Harald: *Frauen und Macht.* ZEIT 4/2006, Seite 94

Moore, Meredith: *Women in Leadership: A European Business Imperative.* SZ-Magazin vom 25.04.2003

Pausch, Randy: *Last Lecture. Die Lehren meines Lebens.* Gütersloh 2008

Peter, Laurence J./Hull, R.: *Das Peter-Prinzip oder die Hierarchie der Unfähigen.* Reinbek 2000

Peters, Tom: *Re-imagine. Spitzenleistungen in chaotischen Zeiten.* Offenbach: 2007

Popcorn, Faith: *Evalution. Die neue Macht des Weiblichen. 8 Strategien für frauenorientiertes Marketing.* München 2001

Rosener, Judy B.: *America's Competitive Secret: Women Managers.* Oxford/New York 1997

Rubin, Harriet: *Machiavelli für Frauen. Strategie und Taktik im Kampf der Geschlechter.* Frankfurt am Main 2002

Scheddin, Monika: *Erfolgsstrategie Networking. Business-Kontakte knüpfen, organisieren und pflegen – mit großem Adressteil.* Nürnberg 2003

Schenkel, Susan: *Mut zum Erfolg. Warum Frauen blockiert sind und was sie dagegen tun können.* Frankfurt am Main, 9. Auflage 1998

Schirrmacher, Frank: *Das Methusalem-Komplott.* München 2004

Schneider, Barbara: *Weibliche Führungskräfte – die Ausnahme im Management: Eine empirische Untersuchung zur Unterrepräsentanz von Frauen im Management in Großunternehmen in Deutschland.* Frankfurt 2007

Schulz von Thun, Friedemann: *Miteinander Reden 1–3.* Reinbek 1981, 1989, 1998

Seiwert, Lothar J./Kammerer, Doro: *Endlich Zeit für mich! Wie Frauen mit Zeitmanagement Arbeit und Privatleben unter einen Hut bringen.* Landsberg am Lech, 2. Aufl. 2000

Simon, Hermann: *Hidden Champions des 21. Jahrhunderts. Die Erfolgsstrategien unbekannter Weltmarktführer.* Frankfurt am Main 2007

Sprenger, Reinhard K.: *Prinzip Selbstverantwortung. Wege zur Motivation.* Frankfurt am Main, 8. Auflage 1998

Sprenger, Reinhard K.: *Mythos Motivation: Wege aus der Sackgasse.* Frankfurt am Main 2002

Tannen, Deborah: *Du kannst mich einfach nicht verstehen: Warum Männer und Frauen aneinander vorbeireden.* München 1998

Watzlawick, Paul/Beavin, Janet H./Jackson, Don D.: *Menschliche Kommunikation. Formen – Störungen – Paradoxien.* Bern/Göttingen, 10. Auflage, 2000

Weder di Mauro, Beatrice/Brunetti, Aymo: *Ein Markt mit spektakulärem Potential.* Frankfurter Allgemeine Zeitung vom 02.09.2006, Seite 13

Weidner, Jens: *Die Peperoni-Strategie. So setzen Sie Ihre natürliche Aggression konstruktiv ein.* Frankfurt am Main 2005

Welch, Jack/Byrne, John A.: *Was zählt. Die Autobiografie des besten Managers der Welt.* Berlin 2003

Wieseneder, Susanna unter Mitarbeit von Thomas Cerny: *Reputationsmanagement. Erfolgreich, weil Ihr persönliches Image stimmt.* München/Wien 2006

Wöss, Fleur: *Der souveräne Vortrag. Informieren – überzeugen – begeistern.* Wien 2004

Wunderer, Rolf/Dick, Petra: *Frauen im Management: Kompetenzen – Führungsstile – Fördermodelle.* Neuwied/Kriftel/Berlin 1997

Stichwortverzeichnis

10-30-60-Formel 174, 241, 254, 272
55-38-7-Formel 253
80/20-Regel 215

A
Abfindungsverträge 136
Ablehnung 217
Aburdene, Patricia 79
Ahid, Zaha 219
Ähnlichkeitsprinzip 97
Allmendinger, Jutta 326
Altern der Gesellschaft 91
Ambiguitätstoleranz 87 f.
Anerkennung 148
Arbeitsverdichtung 328
Asgodom, Sabine 261
Aufmerksamkeitsfokus 212
Azzopardi, Gilles 278

B
Beauvoir, Simone de 46
Bekanntheitsgrad 174, 234, 240, 247, 272
Belafonte, Harry 213
Benchmarking 181
Bescheidenheit 184 ff., 219, 317

Bescheidenheitsfalle 185, 219, 308-317, 333
Bestätigung von außen 42
Beziehungen 174, 179, 244, 277, 283 f., 291
Bienenkönigin-Syndrom 41, 49
Bierach, Barbara 121
Bildung 25, 325
Brunetti, Aymo 36
Burn-out 116, 120, 335
Bürobühne 241, 248 f., 281
Büropolitik 33, 256

C
Chancengleichheit 66, 327
Change-Prozesse 50, 62
Coaching 105–110, 195, 200
Co-opetition 33
Covey, Stephen 214
Cross-Mentoring 105

D
Delegieren 175
Diplomatie 267
Disziplin 213 f.
Diversity 85, 101 f., 327, 335
Diversity-Management 101

Dornröschen-Komplex 41–46, 281
Dringlichkeit 214
Durchsetzungskraft 82 f., 145, 151, 267

E
Ebner-Eschenbach, Marie von 298
Ehrhardt, Ute 46
E-Mail-Dilemma 258
Emotionale Intelligenz 210
Emotionen 210
Entscheidungsstärke 225–228
Entspannung 240
Erfolg 240, 318–321
Erfolgreiche Führungsstrategien 88 ff.
Erfolgsgefühl 240
Erfolgsritual 240
Erwartungsmanagement 238
Existenzgründung 134–141

F
Fachliche Schlüsselqualifikationen 83
Fachliche Überforderung 27
Fachwissen 27, 84, 138, 166, 174, 276
Fähigkeiten 190
Familiäre Unterstützung 127
Familie 328
Finanzen 69
Firmenkultur 166-169
Flache Führungsstrukturen 37, 322

Frankreich, Frauen im Management 68
Frauenanteil bei Führungskräften 55 f.
Frauenerwerbsquote 36
Frauenförderung 63 ff., 72, 102, 105, 325
Frauennetzwerke 289 f.
Frauenquote 73 ff.
Frauensolidarität 48, 123–127
Freizeit 328
Fremdbild 197
Freud, Sigmund 191
Führungseigenschaften 82, 88 f., 278
Führungskräftemangel 20, 91, 329

G
Gatekeeper 93
Gefälligkeitsgesten 47
Gehalt 86, 308–317
Genderkompetenz 100
Geschlechterkonflikt 34
Geschlossene Fragetechnik 298
Gestaltungsräume 32, 86
Gläserne Decke 16, 78, 93
Glaubenssätze 186
Goleman, Daniel 210
Gottman, John M. 179
Großunternehmen 56, 96, 265

H
Hamel, Gary 37
Hartmann, Michael 67
Heilmann, Christa 158

Hierarchien 17, 33
Hierarchieverhalten 157
Horx, Matthias 80, 333

I
Iacocca, Lee 274
Ibarra, Herminia 88
Ideenmarketing 265–272
Image 30 ff., 174, 272 ff.
Informationsmanagement 257

J
Jung, C. G. 171 f.

K
Kapital 139
Karriereentwicklungs-
 gespräche 316
Karriereperspektiven 224
Karriereplanung 16, 209–222,
 224 ff.
Karrierezurückhaltung 131
Kästner, Erich 219
Kernkompetenzen 37
Kinderbetreuung 67, 113, 325
Kinderwunsch 34
Klare Sprache 236–239
Kleidung 302–305
Know-how 138
Komfortzone 230
Kommunikation 40, 84, 161,
 234–239, 253
Kommunikationsfallen
 157–166
Kompetenz 28, 138, 174, 176,
 196–200, 301 ff.

Kompetenzkrise 208
Kompetenzpool 59
Kompetitive Unterbrechun-
 gen 158
Komplimente 299
Konformitätsdruck 97
Konfuzius 213
Konkurrenz 17, 32–39, 152, 330
Konkurrenzscheu 38
Können 174
Konsequenz 194
Kontaktaufbau 274–300
Kontakte 15, 139, 244, 274–300
Kontaktkompetenz 278
Kontaktmanagement 277
Kooperation 84, 152
Körpersprache 306 f.
Kotler, Philip 228
Krisen 208
Kritik 155 f., 182
Kronprinzen-Prinzip 96
Kulturkonflikte 27
Kutzschenbach, Claus von 155

L
Lächeln 46, 264
Lebenslanges Lernen 28
Lebensqualität 134 f.
Lebensstandard 134 f.
Leistung 29, 173 f., 315
Lernbereitschaft 28, 231, 300 f.
Löscher, Peter 72

M
Machtablehnung 142 f.
Machtproben 36 f., 154

Management-Spielregeln 18
Mehrabian, Albert 253
Mehrabian-Studie 253, 255
Mentoring 52, 104 ff.
Mittelstand 56, 224
Mittleres Management 330
Mona-Lisa-Syndrom 41, 46 f.
Motivation 30, 170, 208, 210, 222
Multi-Generation-Leadership 91
Mutterschaft 134

N
Nachwuchsförderung 105
Naisbitt, John 79
Networking 15, 274–300
Netzwerke 93, 194, 245, 274-300

O
Offene Fragetechnik 299
Onboard-Coaching 103
Opaschowski, Horst 77
Optik 302–305
Outfit 302-305
Oxley, Michael 70

P
Pareto, Vilfredo 215
Pareto-Regel s. 80/20-Regel
Pausch, Randy 217
Perfektionsfalle 215
Peter, Laurence J. 320
Peter-Prinzip 330
Popcorn, Faith 80
Post-Sarbanes-Oxley-
 Phänomen 69 f.
Präsentationen 252–256, 260

Präsenz 187, 242–251, 278 ff.
Prestige 38
Prioritäten 202, 221, 225, 227
Privatleben 112
Privilegien 147
Pull-Marketing 257

Q
Qualifikation 15, 25 ff.
Queen Bee Syndrome 49
Quotenfrau 73 f.

R
Rabenmutter-Syndrom 121
Rekrutierungsprogramme 60
Revierverhalten 34
Rhetorik 308
Risikobereitschaft 40
Rivalität 38
Rollenmuster 333
Ruf 174

S
Sachorientierung 30, 278
Sarbanes, Paul S. 70
Schlüsselbeziehungen 279 f.
Schulz von Thun, Friedemann
 161
Seilschaften 92–99
Selbstbefragung 197
Selbstbewusstsein 184, 195, 249
Selbstbild 197, 201, 208
Selbstdarstellung 28
Selbsterforschung 200–209
Selbstkritik 180 ff., 217
Selbstmarketing 15, 21, 27 f.,

147, 172 f., 180 f., 187–200, 241, 257, 302, 321, 333
Selbstpräsentation 176, 243, 313
Selbstständigkeit 134–141, 222
Selbstverpflichtung 200
Selbstvertrauen 42 f., 156
Selbstzweifel 44, 182, 185, 230
Simon, Hermann 266
Simonis, Heide 71
Small talk 296–300
Soft Skills 176
Solidarität, Mangel an 48
Statussymbole 147 f.
Stille Stunde 199
Stimme 252 f., 306 f.
Strukturen 18
Stutenbissigkeit 41, 51
Suckale, Margaret 218
Süssmuth, Rita 143
Synergieeffekte 85, 177, 276

T
Tabus 167, 299
Tannen, Deborah 157
Teamorientierung 83
Teamwork 33
Teilzeit 116–120
Thatcher, Margaret 29, 253
Thorborg, Heiner 121
Timing 154, 156
Typen- und Potenzialtests 200

U
Umgang mit Fehlern 231 f.
Unternehmenskultur *s.* Firmenkultur

USA, Frauen im Management 66, 69

V
Veränderungen 62
Verantwortung 220
Vereinbarkeit von Kind und Karriere 67, 111–115, 120, 130
Verschlankungstendenzen 37
Verzicht auf Kinder 111 f.
Vielleicht-Modus 225–228
Visibility 173, 241, 250, 276–283
Vorbild 103

W
Watson, Thomas 231
Watzlawick, Paul 160, 263
Weder di Mauro, Beatrice 36
Weiblicher Führungsstil 80 ff.
Werbestrategien 39
Wettbewerb 17
Widerstände 268–271
Wilde, Oscar 255
Will, Anne 217
Wirtschaftsmacht Frauen 80
Work-Life-Balance 227, 327
Wöss, Fleur 264
Wunsch 211

Z
Zeitmanagement 216
Ziele 130, 171, 196–202, 208, 211–217, 220–223, 234–240
Zielfixiertheit 216
Zielkriterien 211
Zuverlässigkeit 29

Die ganze Welt des Taschenbuchs unter
www.goldmann-verlag.de

Literatur deutschsprachiger und
internationaler Autoren,
**Unterhaltung, Kriminalromane, Thriller,
Historische Romane** und **Fantasy-Literatur**

Aktuelle **Sachbücher** und **Ratgeber**

Bücher zu **Politik, Gesellschaft,
Naturwissenschaft** und **Umwelt**

Alles aus den Bereichen **Body, Mind + Spirit**
und **Psychologie**

Überall, wo es Bücher gibt und   unter www.goldmann-verlag.de

Goldmann Verlag • Neumarkter Straße 28 • 81673 München